高等职业教育
市场营销专业
新形态一体化
系列教材

新零售实体店运营实务

杨林钟 / 主编

李 晓 胡 倩 / 副主编

清华大学出版社
北京

内 容 简 介

本书以工作任务为核心,以职业能力培养为目标,以项目活动为手段,阐述了新零售实体店运营需要掌握的知识,内容实用,形式简洁。本书包括基本技能、班前工作、班中工作、班后工作四大部分,运用工作手册式教材的开发方法,将每一项职业能力作为一个独立的模块进行训练,在全面展现门店运营体系的同时,使学生获得胜任工作岗位的整体能力。

本书既可作为高等职业院校市场营销、连锁经营与管理等相关专业的教材,也可作为零售企业初、中级门店管理人员的培训用书。

图书在版编目(CIP)数据

新零售实体店运营实务/杨林钟主编. —北京:清华大学出版社,2022.4(2025.1重印)

高等职业教育市场营销专业新形态一体化系列教材

ISBN 978-7-302-60375-7

Ⅰ. ①新…　Ⅱ. ①杨…　Ⅲ. ①零售商店—商业经营—高等职业教育—教材　Ⅳ. ①F713.32

中国版本图书馆 CIP 数据核字(2022)第 047593 号

责任编辑:强　溦　刘士平
封面设计:傅瑞学
责任校对:刘　静
责任印制:沈　露

出版发行:清华大学出版社

网　　　址:https://www.tup.com.cn,https://www.wqxuetang.com
地　　　址:北京清华大学学研大厦 A 座　　　　邮　编:100084
社 总 机:010-83470000　　　　　　　　　　邮　购:010-62786544
投稿与读者服务:010-62776969,c-service@tup.tsinghua.edu.cn
质量反馈:010-62772015,zhiliang@tup.tsinghua.edu.cn
课件下载:https://www.tup.com.cn,010-83470410

印 装 者:三河市铭诚印务有限公司
经　　销:全国新华书店
开　　本:185mm×260mm　　　印　张:15.25　　　字　数:364 千字
版　　次:2022 年 4 月第 1 版　　　　　　　　印　次:2025 年 1 月第 2 次印刷
定　　价:45.00 元

产品编号:094578-01

前　言

新零售是以互联网为依托,通过运用大数据、人工智能等先进技术手段,对商品的生产、流通与销售过程进行升级改造,进而重塑业态结构与生态圈,并对线上服务、线下体验以及现代物流进行深度融合的零售新模式。自这一概念提出以来,诸多企业开始了关于"新零售""智慧零售""无界零售"的探索。

本书为满足高等职业院校市场营销、连锁经营与管理等专业的人才培养需要和相关岗位的就业需求,以新零售实体店的日常工作业务为主线,以工作领域、工作任务、职业能力为编写节点,采用工作手册式教材的呈现方式,让学习者以门店店长或项目主管的角色进入任务场景,最终胜任新零售实体店的日常销售、经营管理工作。

本书具有以下特点。

(1)采用工作手册式新型态教材的编写思路。本书以国家职业标准和专业教学标准为依据,以综合职业能力培养为目标,以典型工作任务为载体,以学生为中心,以职业能力清单为基础,根据典型工作任务和工作过程设计一系列模块化的学习任务,突出职业能力训练,使教材的使用更加灵活。

(2)教学内容突出新零售的"新"。本书在内容选取上始终围绕着新出现的新零售实体店日常业务及岗位工作任务展开,重点阐述工作领域的要求,工作任务的形式、内容,职业能力目标等,注重培养学习者实践能力和岗位工作能力。

(3)充分体现"三有"特色。"有趣",即体例新颖,主体风格灵活,言词生动有趣,图片、表格、活动设计丰富;"有用",即"手把手"地教会学习者如何开展店内各项工作,使其在活动实操中学方法、练技能,是一本工具书;"有空间",即给出了各职业能力点的基本要求、习得方法,同时也提供了理念提升、思考借鉴、引申拓展的空间。

(4)注重校企合作与实战性。在本书编写过程中,吸收了行业优秀企业和专家参与,在内容安排上每一职业能力的学习以知识、能力和素质目标为引领,配以必要的基础知识,将典型工作任务以活动的方式呈现,让教师与学习者对应标准考核、评价学习结果,以课后任务而不是作业的方式拓展学习。

本书包括四个部分:第一部分,介绍新零售基本知识和布置门店装饰、营造门店音乐氛围、门店餐饮服务的基本技能;第二部分,介绍营业前开晨会、门店销售准备、线上门店配置的知识和技能;第三部分,介绍营业中门店销售引流、收银、配送、巡查、售后服务、监控与设备异常处理的知识和技能;第四部分,介绍营业后补货、清场与清洁、结账与盘点、数据收集与分析、门店运营总结的知识和技能。每一个工作任务和职业能力都有活动设计与课后任务。

本书由广西商业学校的教师团队编写,广西通诚信息科技有限公司、厦门颜值立方信息科技有限公司、斯得雅(中国)有限公司在内容编排、新零售企业调研、培训学习等方面给予了大力支持。

　　本书由广西商业学校杨林钟担任主编，李晓、胡倩担任副主编。具体编写分工如下：杨林钟负责全书的总纂、修改和最终定稿，并编写工作任务1-1、工作任务3-3、工作任务4-3；李晓编写工作任务2-1、工作任务2-2；胡倩编写工作任务3-4、工作任务4-1；杨莉荪编写工作任务3-5、工作任务3-6；韦燕春编写工作任务2-3、工作任务3-1；欧忠良编写工作任务3-2、工作任务4-4；缪玉超编写工作任务4-2、工作任务4-5；时劼编写工作任务1-4；莫佳全编写工作任务1-2；谢安琪编写工作任务1-3；广西通诚信息科技有限公司的培训经理庄新美子编写工作任务3-7。

　　感谢以上单位及人员对本书编写的大力支持，由于编者水平有限，加之新零售仍处于探索和试验阶段，本书难免有疏漏之处，欢迎有关专业人士和广大读者批评、指正。

编　者

2022年1月

目 录

3 第三部分　班中工作

4 第四部分　班后工作

1
第一部分

↗ 基本技能

职业能力 1-1-1　识记零售发展的历史与业态形式

核心概念

零售:直接将商品或服务销售给个人消费者或最终消费者的商业活动,是商品或服务从流通领域进入消费领域的最后环节。我国零售业发展分为传统零售、现代零售、电商零售和新零售四个阶段。

学习目标

1. 知识目标
• 能够简述传统零售、现代零售、电商零售的业态形式和特点。
• 能够掌握传统零售、现代零售、电商零售的概念。
2. 能力目标
• 能够分析不同零售业态的区别。
• 能够分析零售业态不断转型的原因和今后发展的趋势。
3. 素质目标
• 能够认同信息化和创新对零售发展的重要性。
• 能够树立技术推动社会经济进步的观念。

◀ 基 本 知 识 ▶

一、传统零售

1. 概念

传统零售是零售业的早期发展形式。在此阶段,售卖者由在集市、街边临时性销售自家产品,转变成在固定店铺向顾客销售自产或转卖的商品。

1949 年,国家商业部门在全国范围内建设了市、县百货商店和乡镇门市部,传统零售逐步发展,成为了居民生活的重要组成部分。

2. 形成原因

(1) 社会化生产提高了生产效率,降低了商品价格。
(2) 公路运输和铁路运输的完善,促进了商品广泛流通。

3. 业态形式

传统零售的业态形式主要是杂货店、批发市场、百货商店。

（1）杂货店，即满足消费者日常需求的小型店铺。该类店铺商品种类有限、价格稍高，消费群体主要是附近居民。

（2）批发市场多针对某一种类型的商品进行大批量销售，商品价格低廉，类型单一。

（3）百货商店店面规模较大，商品种类齐全，多经营品牌商品，可以满足消费者多样的需求，但性价比和便利性相对于前两者较低。

4. 特点

（1）供小于求。由于商品种类少，供应链水平低，商品供应不能满足消费者需求，商品销售以产品为中心，生产什么就销售什么。

（2）品牌意识低下。消费者对品牌缺少认识，常常通过商标来区分商品，不同商标代表不同产品或服务的性质和质量。

（3）采用手工簿记。由于经营情况主要是通过手工簿记的方式进行记录，所以信息沟通困难，零售商和批发商之间无法及时沟通，信息处于割裂状态。商家对商品库存不进行定期盘点，都是到月末、季末、年末才通过账物核实进行统计的。

二、现代零售

1. 概念

现代零售是指基础设施不断优化，商品化、信息化、供应链水平显著提高，能够满足消费者廉价、多样和便利等需求的零售业态形式。

20 世纪 80 年代中期，连锁百货逐渐进入中国。1991 年，上海"联华超市"的创办标志着我国零售业进入了新的发展时期。1992 年后，我国形成了百货、超市、便利店、专卖店等多种业态并存的格局。

2. 形成原因

（1）以铁路为代表的现代交通迅猛发展，使货物的长途大批量运输及集散成为可能。

（2）商品条码的发明使商品电子化管理得以实现。

3. 业态形式

现代零售的业态形式以大型商场为代表，包括超市、专业店、专卖店、仓储式商店、购物中心等。

（1）超市是指实行敞开式售货，由顾客自我服务，集中一次性付款的大型零售商店。超市以销售各种日常生活用品为主，普遍实行连锁经营，通常具备一定的规模，店址主要选在居民住宅区或郊区。超市可分为两种类型：普通超市（或标准超市、生鲜超市）和大型综合超市（或大卖场）。

（2）专业店是指以经营某一大类商品为主，从业人员具有丰富的专业知识，并且提供适当售后服务的零售业态。专业店可以满足消费者对某一特定类型商品的选择需求，其店面一般多设在繁华商业中心、商业街或百货商店、购物中心内，可以根据主营商品特点决定其营业面积。

（3）专卖店是指专一授权经营某类商品，可以满足消费者对品牌选择需求的一种零售业态。

（4）仓储式商店是指仓库与商场合二为一，具有批发性质的一种零售业态。其店址一般选在城乡接合部,规模较大,装修简朴,商品价格低廉,多实行会员制。例如,上海的开市客(图 1-1-1)采用仓储批发模式,避免过度包装,尽可能降低成本,每年收取定额会费维持其日常运营及管理。

图 1-1-1 仓储式商店

(5)购物中心是指由企业有计划地开发、管理运营的商业集合体,该集合体为一个建筑物或区域,聚集有多种零售店铺、服务设施,旨在向消费者提供综合性服务,如图 1-1-2 所示为某大型购物中心外观。

图 1-1-2 某大型购物中心外观

4. 特点

(1)品牌意识显著提升。企业日益注重品牌建设,品牌与商品质量、功能定义、消费者情感高度关联。很多企业都建立了用户运营、品牌推广、用户反馈体系,由此与消费者建立情感链接,形成稳定的购销关系。

（2）货品管理水平大幅优化。开始用 IT 系统来完成运营操作流程,零售和供应商之间通过商品数据库进行数据对接,有技术条件的商家每周或每日都可以及时进行管理和盘点。

（3）供应链水平提高,分销链条及路径缩短。大部分生产商仅需要一个批发商就可以直接服务于零售商。

（4）商业中心众多。城市化水平提升,催生了越来越多的商业中心,包括全国性商业中心、区域性商业中心、地区性商业中心等多层级商业中心,也包括同一城市内多个同层级社区商业中心。

三、电商零售

1. 概念

电商零售是指企业通过互联网,运用计算机、手机、数字电视等电子终端,实现零售服务的一种商业模式。

随着互联网技术的飞速发展和计算机的普及,电子商务于 20 世纪 90 年代开始兴起。2003 年,淘宝网成立,中国进入电子商务时代。网上订货、电子支付、送货到家,移动化与无钞化逐渐成为国人的日常。

2. 形成原因

（1）互联网发展减少了交易的中间环节,计算机系统降低了人力成本。

（2）产业信息化发展迅速。

（3）消费者逐渐形成在线购物的习惯。

3. 业态形式

电商零售的业态形式有电商平台企业、垂直电商企业、微商企业。目前,从事电商零售的代表企业有亚马逊、淘宝、京东、拼多多等。

（1）电商平台企业是指通过搭建、运营一个互联网平台,使买卖双方利用该平台实现交易,从双方交易中获得赢利,达到经营目的的企业。

电商平台企业可以协调整合信息流、货物流、资金流,使其有序、关联、高效流动。供需双方在电子商务平台上直接交流,利用共享资源开展商业活动。

（2）垂直电商企业指的是在某一个行业或细分市场进行深化运营的电子商务模式企业。垂直电商企业旗下商品都是同一类型的产品。这类企业多为从事同种产品的 B2C 或者 B2B 业务,如中国化工网、中国小商品市场网等,其业务都是针对同类产品的。

垂直电商企业注重于提供更加符合特定人群的消费产品,满足用户在某一领域的特定习惯。因为其在特定领域的专注和专业,更能获取用户的信赖,通过用户分享传播,打造品牌和独特的品牌价值。

（3）微商企业是近几年兴起的一种新商业模式,它是利用互联网的交互性、开放性,通过社交软件进行网络销售的一种电子商务形态,主要利用微信朋友圈、社群等渠道完成商品的销售。

4. 特点

（1）商品化水平高。商品供大于求,种类极为丰富,购销两旺。

（2）信息化水平高。消费者和商家通过互联网平台进行交易,交易信息通过互联网进行实时记录,零售商和供应商可以通过互联网平台同步发现不同地方订单需求的变化从而及时进行库存调整。

(3)城市化水平高。交通工具的多样化、便利化拉近了城市之间的距离,供应商可以通过邮寄的方式为各个地方的购买者提供货品。

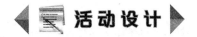 活 动 设 计

一、活动名称

零售案例收集与分享。

二、活动条件

计算机、手机、投影、白板、大白纸、白板笔等。

三、活动组织

(1)5人一组,其中一名组员担任组长,负责组织本组组员从互联网上搜集各零售阶段的案例。

(2)搜集整理材料后,对搜集到的信息进行整合分析,从中总结出该零售模式的特点。

(3)每组展示完成后,其他组同学对其进行点评和补充。

四、活动实施

序号	步 骤	操 作 说 明	服 务 标 准
1	团队组建	5人一组组成团队,选出组长	能够合理利用每一个组员的知识和技能协同工作,解决问题,达到共同的目标
2	人员分工	在组员间划分信息收集、文稿撰写等任务,明确地向任务承担者交代所要完成的事项与标准	明确工作任务与目标,实现人与事的最佳匹配
3	收集资料	利用互联网搜集各零售阶段的经典案例	搜集渠道正规,搜集到的信息真实有效,具有启发性,资料翔实可靠
4	案例筛选	从搜集到的资料中筛选出最具代表性的案例	案例经典,能够充分结合所学知识
5	案例总结与分析	组长组织组员对选出的经典案例进行总结与分析	(1)总结具有针对性、概括性,表意清楚,重点突出 (2)案例分析缜密,能够准确地发现问题、深刻地分析问题,且分析思路清晰、分析内容全面深入、逻辑严谨,案例分析能够结合当前市场和行业发展情况

续表

序号	步　骤	操作说明	服务标准
6	分析文案撰写	文稿撰写者将分析总结的内容撰写在大白纸上	(1) 准确规范、点明主题 (2) 简明精炼、言简意赅 (3) 设计美观、文字端正
7	团队答案展示与分享	向其他团队展示答案,分享得到的结果	(1) 展示内容明确 (2) 语言通俗明白,生动流畅,声音清晰响亮 (3) 限时 10 分钟结束展示
8	团队互评	各个小组展示之后,小组之间相互评价	(1) 接受其他组的纠正或补充 (2) 听取其他组的介绍,并能提出自己的想法和意见

问题情景（一）

某高端私人定制婚纱品牌决定入驻大悦城,管理层对于婚纱的销售渠道意见不一。刘总坚持认为线下零售门店是更好的选择,如果你是刘总,为了支撑自己的观点,请收集整理一个现代零售的案例,并总结分析现代零售的业态形式及特点。

提示:可参考大润发、波司登等现代零售代表性案例。简述现代零售的业态形式及特点。

问题情景（二）

张丽原本在一家服装店做导购,在了解服装店的运作方式之后,决定自立门户,开一家服装店。但由于启动资金并不是很多,她决定选择电商零售的方式。请帮助张丽收集整理一个电商零售的案例,并总结分析电商零售的业态形式和特点。

提示:可参考淘宝、京东等电商零售企业案例。简述电商零售的业态形式及特点。

五、学习结果评价

评价内容		评价标准	评价结果(是/否)
活动完成情况	活动一	能够搜集整理出 1 个现代零售企业的典型案例 能够分析总结现代零售的业态形式及特点	
	活动二	能够搜集整理出 1 个电商零售企业的典型案例 能够分析总结电商零售的业态形式及特点	

课后任务

小林大学毕业之后,想要开一家网店,但不知道应该选择在哪一个电商平台开店,有同学建议她选择拼多多或京东。

(1) 请帮助她搜集关于拼多多和京东的零售模式以及优势的资料。

(2) 对比分析两家的优缺点,整理成文案。

职业能力 1-1-2　识记与分析新零售的类型、特征和发展趋势

 核心·概念

新零售:new retailing,即个人、企业以互联网为依托,通过运用大数据、人工智能等先进技术手段,并借助心理学知识,对商品的生产、流通与销售过程进行升级改造,进而重塑业态结构与生态圈,对线上服务、线下体验以及现代物流进行深度融合的零售新模式。

学习目标

1.知识目标
- 能够了解新零售的类型以及发展趋势。
- 能够掌握新零售的概念、特点。

2.能力目标
- 能够归纳不同类型新零售的优势及适用范围。
- 能够模拟描述一个新零售场景。

3.素质目标
- 能够具备新零售创新的思维和意识。
- 能够养成从顾客需要出发,服务顾客的意识。

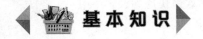 **基本知识**

一、新零售的类型

按照经营模式来划分,新零售可分为以下三种类型。

1.平台主导式新零售

平台主导式新零售的经营模式是指企业依靠自己已经建立的处于市场主导地位的电商平台,把商家聚集在平台上销售自己提供的商品,同时建立线下门店,通过门店大数据抓取及云端数据分析,获取更多的客户,实现更大的赢利。

以盒马鲜生为例,如图 1-1-3 所示,盒马鲜生依靠阿里巴巴电子商务平台,一方面在线上获取用户消费数据,进行线上营销,并将这部分数据共享给门店,实现线上线下数据资源的共享;另外一方面在线下提升实体店服务质量,运用门店会员注册等活动收集用户信息,指导门店开展营销。盒马鲜生以强大的数据运算为基础,不仅提高了营销效率,而且降低了平台交易、物流运输的管理成本。

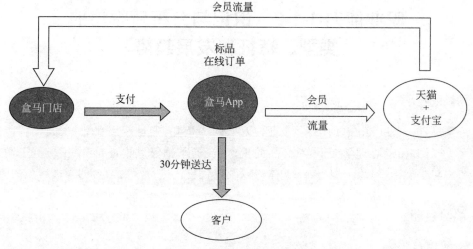

图 1-1-3　盒马鲜生运营模式

2. 第三方主导式新零售

第三方主导式新零售的经营模式拥有强大的物流体系,物流供应链的构建成本相对较低,能为新零售的运营提供全面的供应链支撑,能够在货物运输、订单配送上形成规模效应。

以顺丰优选为例,其目标市场定位为中高端生鲜市场,消费者可以通过如图 1-1-4 所示的顺丰优选小程序下单,平台收到订单后直接从产地采购,再通过顺丰强大的物流体系将商品高效地快递到顾客手中。

3. 供应商主导式新零售

供应商主导式新零售的经营模式主要是指拥有完整供应链和价值链体系、能生产自己的品牌商品的公司,通过线上平台和线下门店相结合的方式进行经营、销售。例如,小米公司通过线上的小米商城、小米有品 App 和线下的小米之家门店实现线上线下协作,线上商城为主要销售渠道,线下门店主要为用户提供产品体验,并提供多种类的周边产品,不仅省去了中间商的代理成本,也提升了消费者的产品体验感。小米有品 App 如图 1-1-5 所示,小米之家线下门店如图 1-1-6 所示。

图 1-1-4　顺丰优选小程序

二、新零售的特征

1. 消费场景化

消费场景化能有效地帮助商家吸引更多的消费者,更好地满足消费者个性化需求。新零售企业依靠大数据、人工智能技术,对消费者市场进行细分,通过店铺现货购、独立 App 购、

图 1-1-5　小米有品 App

图 1-1-6　小米之家线下门店

店中店触屏购、微信 H5 页面购等模式,使用户不仅能够享受物质消费本身,还能获得整个购物过程中体验感的提升。

　　例如,虚拟超市就是一种典型的场景化消费。在一些大城市的商务区或地铁周围,消费者经常可以看到一些小食品或饮料的广告牌,这些广告牌上会标有一个专属的二维码,消费者只要用手机扫描这个二维码,就可以直接在手机上购买这些商品,在自主下单之后,超市会将所购产品按时送到消费者手中。例如,韩国连锁超市 Home Plus 在韩国的地铁站内推出了一种新型电子虚拟超市,顾客在等地铁时可像逛实体店一样浏览所售的商品,使用手机扫描所选择商品并在网上进行结算,超市会将所购产品按时送到家中,如图 1-1-7 所示。

图 1-1-7　顾客在虚拟超市消费

2.体验极致化

　　在新零售模式下,消费者可以先在线下实体店体验产品的质量和性能,再根据体验的效果确定是否在线上购买。凭借"线上＋线下"的一条龙式服务,新零售企业能为消费者带来极致的消费体验。

　　例如,"苏宁 V 购"定制化服务中,导购员会针对消费者的整套家电购买需求,参考消费者的户型、家庭情况等,为消费者提供定制化方案,并做好售后服务,全程保障消费者的用户体验。

3. 内容电商化

新零售具有非常明显的内容电商化特征,但是这种电商化特征与传统电商有一定区别。内容电商化具体表现在以下三个方面。

(1)充分运用大数据。大数据能够促进供应链升级,营造新的营销场景,提高品牌黏性,利用大数据打通线上与线下的运营,可以创造新客群、新需求和新服务。以亚马逊为例,亚马逊不仅在线上利用大数据进行运营,还把大数据推广到线下,开创了自己的实体门店Amazon Books,探索出了一种线上线下融合的模式,利用网络和大数据的支持,吸引线上和线下的流量,使其实体书店的营业额直线攀升。

(2)强化物流配送能力。为了提升服务质量,充分显现新零售的优势,很多新零售企业都提升了物流方面的能力,物流配送越来越智能化、自动化。以阿里巴巴的零售通为例,其物流配送模式是以社区超市或便利店为基础,依托互联网整合实体店资源,采取网络和实体相结合的社区新零售模式,构建了一个覆盖全国的综合服务平台。

(3)构建消费者画像。新零售企业通过互联网获取大量用户数据,通过对营销与运营数据分析,将数据分析结果共享给门店,实现门店的精准营销与运营。以银泰百货与阿里巴巴的合作为例,银泰百货利用阿里巴巴平台大数据绘制出了店址周围 5km 范围内的消费者画像,并将该店全线接入"喵街"系统,通过系统数据监控产品的价格趋势,了解客户群的偏好,从而精确匹配产品与消费者,吸引了大批消费者光顾。

4. 全渠道营销

全渠道营销包括线下渠道、线上渠道、移动渠道及供应链物流四种形式。线下渠道包括实体门店、体验中心等;线上渠道包括网店、电视购物等;移动渠道包括微信小程序、移动社交平台等;供应链物流作为联系线上线下的重要纽带,通过智能仓储、智能运输等智能化物流设备来实现。例如,家乐福通过与京东平台的合作,构建全渠道、全品类的零售模式,为传统超市的转型升级提供了新的思路。

三、新零售的发展趋势

1. 线上与线下互相融合

随着时代的发展,新零售模式逐步落地,线上和线下销售也从之前的相互对立、冲突逐渐变为相互促进、融合。线上的互联网力量与线下的实体店终端的有机结合,使零售模式在此基础上发生了根本性转变。如图 1-1-8 所示,零售后台系统将线上商家与线下系统充分融合,线上商家在电商平台、独立商城等渠道的运营数据通过零售后台系统分析后,可用于指导门店运营,门店在转化线上带来的流量的同时,也担负着线上门店订单配送等业务。

2. 用户需求更加细化

新零售企业以大数据与分析技术为基础,可以对自己的用户群体进行细分,在精准定位的同时准确了解这个用户群体的消费需求,并根据不同的消费需求来设定不同的消费场景体验。

3. 智能化水平提高

人工智能、互联网、云计算、大数据等技术的发展与应用,使新零售行业从商品的生产到消费,都可以实现有效的监控。零售商企业能够实现对于商品生产的有效控制,实现对零售库存的合理经营,这种变化趋势能够对零售行业起到减负的作用,会直接推动新零售行业的

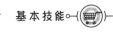

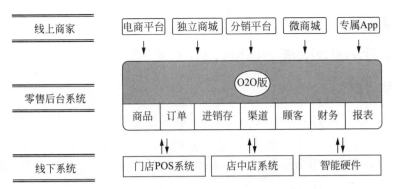

图 1-1-8 零售商家进行线上与线下转化的流程

快速发展。

2020 年,一款名为"小麦"的无人零售智能 IP 展示柜(见图 1-1-9)的推出,实现了"任意商品、任意陈列、任意场景"的零售方式,引起业内的广泛关注。该智能 IP 展示柜采用的是超高频物联网技术,通过绑定射频识别(RFID)标签,实现对任意大小、任意材质、任意形状的文创产品智能识别,满足消费者对文创产品的无人零售需求。

图 1-1-9 "小麦"无人零售智能 IP 展示柜

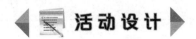 活动设计

一、活动名称

模拟、描述新零售场景。

二、活动条件

计算机、投影、白板、大白纸、白板笔等。

三、活动组织

（1）5 人为一组，其中一名组员担任组长，负责组织其余组员利用互联网搜集、分享案例。

（2）由各小组收集能够分别体现平台主导式、第三方主导式和供应商主导式三种新零售类型的案例，并总结其特点。

（3）每组展示完成后，其他同学对其进行点评和补充。

四、活动实施

序号	步　骤	操作说明	服务标准
1	团队组建	5 人一组组成团队，选出组长	能够合理利用每一个组员的知识和技能协同工作，解决问题，达到共同的目标
2	人员分工	在组员间划分任务，明确地向任务承担者交代所要完成的事项与标准	明确工作任务与目标，实现人与事的最佳匹配
3	收集资料	利用互联网搜集能够分别体现平台主管式、第三方主导式和供应商主导式三种新零售类型的案例	搜集渠道正规，搜集到的信息真实有效，具有启发性，资料翔实可靠
4	案例筛选	从搜集到的资料中筛选出最具代表性的案例	案例经典，能够充分结合所学知识
5	展示内容设计	小组成员一起讨论如何展示搜集到的案例，如利用 PPT、短视频等，并充分展示案例内容	（1）选择的展示方式能够充分将搜集到的内容表现出来 （2）图文结合，排版美观
6	案例展示	将整理的案例向其他小组展示	（1）展示内容明确 （2）语言通俗明白，生动流畅，声音清晰响亮 （3）限时 5 分钟结束展示
7	团队互评	各个小组展示之后，小组之间相互评价	（1）接受其他组的纠正或补充 （2）听取其他组的介绍，并能提出自己的想法和意见

问题情景（一）

假设你在某县城开设了一家传统生鲜水果店，门店的经营陷入僵局，有店员向你建议应将门店向新零售方向转型，你会如何做？

提示：了解新零售的模型，选择合适的经营模式。

问题情景 (二)

大学生苏沫想要在城北街开一家花店,为了提高花店商品的销量,她最近一直在研究新零售未来的发展趋势。请你收集一个相关案例展示给她看。

提示:收集具有代表性的新零售未来发展趋势的案例。

五、学习结果评价

评价内容		评价标准	评价结果(是/否)
活动完成情况	活动一	能详细介绍供应商主导式的新零售类型	
	活动二	能收集到一个具有代表性的新零售未来发展趋势的案例	

课后任务

(1) 大学刚刚毕业的小林想要自主创业,在学校附近开一家奶茶店,为了学习奶茶店的零售模式,请你帮她在网上搜集关于"喜茶"的相关资料,并分析总结"喜茶"的业态形式和特点,最后整理成文案。

(2) 请阅读新零售案例,并分析"超级物种"属于哪一类型新零售模式,在其转型升级中体现了新零售哪些特征,将结果整理成文案。

"超级物种"的新零售模式

"超级物种"作为传统超市的创新,由永辉超市推出,被认为是线下实体零售和线上平台融合的新模式,即"高端超市+生鲜餐饮+线上线下一体化"的模式,超级物种是永辉超市自身求变并顺应商业新趋势的自然产物。

超级物种的诞生也使永辉超市获得持续发展。2017年1月1日,超级物种正式入驻福州市,首店营业面积为$500m^2$,门店单品数量超过1000种,汇集了鲑鱼工坊、波龙工坊、麦子工坊、盒牛工坊、咏悦汇、生活厨房、健康生活有机馆和静候花开花艺馆8大品类,用户可以选择多种支付方式。超级物种升级的组合工坊实现了多重餐厅的结合模式,在提供多样优质商品、打造现代舒适购物空间的同时,满足了用户多样化的餐饮服务和互动需求。

综合分析,超级物种的创新主要做到了以下几点。

(1) 线上与线下整合。永辉超市结合自身的特点进行变革,实现商品和服务的在线转移,从而实现线上与线下的整合,使用户更容易获取商品和信息。

(2) 运营方式创新。超级物种通过一种全新的、整合的零售形象设计,同时整合线上和线下店铺推广,即面向用户的全渠道推广;通过技术和硬件的全面应用,改变传统店铺,打造智能店铺的新体验,全面提升用户的满意度。

(3) 大数据和精准营销。超级物种运用新技术、新工具,积累和沉淀用户消费数据,发现和满足用户的潜在需求,通过大数据分析、人工智能等手段,实现流程优化、品类优化及员工效率提升,提高了企业效率。

职业能力 1-2-1　能布置门店橱窗与海报

核心·概念

门店橱窗:店铺的第一展厅,是以店铺所经营的产品为基础,巧用布景、道具,配以合适的灯光、色彩甚至文字说明,展现商品的独特魅力,是一种进行产品介绍和宣传的综合性广告艺术形式。

海报:视觉传达的表现形式之一,旨在通过版面设计第一时间吸引人们的目光,并将宣传信息传播出去。

学习目标

1. 知识目标
• 能够说出橱窗设计的基本内容、要求和布置方式。
• 能够运用橱窗设计的表现手法。

2. 能力目标
• 能够配合完成门店橱窗布置操作。
• 能够独立完成门店海报张贴操作。

3. 素质目标
• 养成观察门店橱窗与海报艺术设计的习惯。
• 形成正确的时尚艺术观念。

基本知识

橱窗与海报是推广品牌、宣传产品和吸引消费者的重要渠道。通过精心设计橱窗、海报,可以展示品牌价值和个性,利用视觉吸引、文案解释给路过的消费者留下深刻印象,进而刺激消费者的消费需求。

一、橱窗设计

1. 橱窗设计基本内容

(1)橱窗设计文本。橱窗设计文本包括由橱窗设计师根据过往的逻辑及经验进行的文字创意表达,它能够达到传递情绪、特色和价值的目的。

(2)技术性的设计。技术性的设计主要包括橱窗设计中的结构设计、物理设计(声学、光学、热学设计)、设备设计(给排水、供暖、通风、空调、电气设计)等。

（3）外部空间的规划。外部空间的规划包括与店面、街道、周边景观相协调的规划设计。

（4）内部空间的设计。内部空间的设计包括合理的空间规划及室内装修计划。

（5）综合的设计。综合的设计包括多个领域，如标识、橱窗、空间亮度、艺术风格、安全防护、停车管理等多个领域的设计。

2. 橱窗设计的要求

（1）基本要求。橱窗底部一般设置为距地面 80～130cm，以成人能看见的高度为标准，即大部分商品的陈列设置为距地面 80cm 及更高，小型商品的陈列设置为 100cm 及更高。电冰箱、空调、饮水机等大件商品可在距地面 5cm 的位置进行陈列。如图 1-2-1 所示，饰品展示宜放置在视平线位置，方便消费者近距离查看。

图 1-2-1 饰品橱窗陈列

（2）背景要求。橱窗是产品展示的空间，合适的背景设计可以凸显商品，它就像室内设计的墙壁，有非常严格的要求。背景颜色要突出主题，衬托商品，不可喧宾夺主。颜色上要考虑整体效果，尽量用明度高、纯度低的同一色系。形状上一般要简洁、完整、大气、简约，避免烦琐复杂，影响视觉效果。如图 1-2-2 所示，以纯色为背景的橱窗布置可以重点突出其核心内容。

图 1-2-2 以纯色为背景的橱窗陈列

（3）道具要求。道具指布置商品用的支架、模特等附加物。道具的使用要求是摆放得越隐蔽越好，数量要减少到最小，占用的位置不能比商品多，要起到突出宣传商品的作用。

（4）灯光要求。不同种类的商品灯光要求不同，食品橱窗广告要表现出所推广食品色香味俱全，引起消费者食欲，一般可使用用橙黄色的暖色光。家用电器的橱窗灯光更追求科技感和贵重感，一般可使用用蓝、白等颜色，给消费者一种视觉冲突，凸显电器的档次。另外，动态美、立体美更能展现橱窗设计的魅力，利用滚动、旋转、振动等机械和电子的道具，给静止的橱窗布置增加动感，利用大型彩色胶片制成灯箱，制作一种新颖的具有立体感的画面，皆可给人以深刻的印象。如图 1-2-3 所示，家电橱窗应使用如冷色调灯光，凸显商品的科技感。

图 1-2-3　使用冷色调的家电橱窗

3. 橱窗设计的表现手法

（1）直接展示。采用直接展示的设计中，橱窗背景简单开阔，道具少，商品陈列自然、直接，能够散发本身的魅力和价值。此时一般运用陈列摆放技巧，如折、拉、叠、挂、堆等，充分展现商品自身的形态、质地、色彩、样式等。如图 1-2-4 所示，服装橱窗通常采用模特试穿的方式直接展示商品。

图 1-2-4　以直接展示为主的橱窗

（2）寓意与联想。寓意与联想指借助某一事物的象形，通过设计者的艺术创作，赋予某一环境、某一情节、某一物件、某一图形、某一人物等特殊意义，引起人们的丰富联想，从而在心理上对商品产生某种沟通与共鸣，达到表现商品特性的作用。

寓意与联想也可以通过平面、立体、色彩等艺术手法使抽象的物品形象化。生活中有些物品看似完全不同，不同的质地、不同的颜色、不同的形态，但却有着相同的内在美。橱窗中抽象形态的设置就可以加强人们对商品寓意的联想，感受到商品的内涵和个性，不仅给人们提供一种特殊的视觉空间，而且使人们对商品的时尚、新颖产生共鸣。如图 1-2-5 所示，橱窗布置中通过海浪道具和模特舒展的身姿，营造自由浪漫的空间氛围。

图 1-2-5　具有寓意的橱窗

（3）夸张与幽默。夸张的手法可以通过夸大商品的特点来更直接地展示商品的特性，突出商品的实质，并让消费者有一种新颖奇特的心理感受。适当的幽默，如风趣的情节、漫画式的构思，可以给人们一种"犹抱琵琶半遮面"的艺术效果，使商品变得生动有趣，出乎意料又契合主题，引人发笑，诱人驻足。如图 1-2-6 所示，橱窗设计运用了夸张的手法来展示真丝围巾轻薄的属性，十分具有创意。

图 1-2-6　运用夸张手法的橱窗

二、橱窗的布置方式

1.综合式橱窗布置

综合式橱窗布置是指一个橱窗内综合陈列多个不相关的商品,形成一个完整的橱窗广告。由于商品之间互不相关,差异较大,因此设计时需要注意方式方法,不能给人一种杂乱无序的感觉。综合式橱窗布置可以采用横向橱窗布置、纵向橱窗布置、单元橱窗布置等方式,给人以条理有序的感觉。

2.系统式橱窗布置

系统式橱窗布置常见于大中型店铺,橱窗面积较大,商品种类多,可以根据商品的多种因素,如类别、性能、材料、用途等分别在橱窗内组合、陈列。

3.专题式橱窗布置

专题式橱窗布置是以一个广告专题为中心,围绕固定的主题,将不同类型的商品进行装饰陈列,向消费者传递明确的主题信息。例如:

(1)节日陈列,即某一个节日来临时,为庆祝节日专门设计相关节日橱窗专题;

(2)事件陈列,即某项活动在社会上有一定影响力时,布置相关活动的主题橱窗,将有关商品组合起来,吸引消费者。

4.特定式橱窗布置

特定式橱窗布置是在一个橱窗内集中介绍某一特定产品,采用各种艺术形式突出这一特定商品的性质、特点。例如,单一商品特定陈列和商品模型特定陈列等。

5.季节性橱窗布置

季节性橱窗布置是根据消费者季节需求变化,把相应季节的商品进行集中陈列,如冬季展示羽绒服、雪地靴,春初展示夹克、风衣,夏初展示裙装、凉鞋,秋季展示毛衣等。这种陈列方式可以满足顾客应季购买的心理特点,进而扩大销售。季节性橱窗布置要想达到应季宣传作用,必须在每个季节到来前一个月就预先进行橱窗陈列,并向顾客做介绍。

6.场景式橱窗布置

场景式橱窗布置是把商品当成一个角色,放置于特定的场景中,通过特定的场景烘托,让消费者身临其境,更直接地了解商品在使用中的形态,更直观地感受其功能和特点。这种布置方式亲切感、真实感十足,使顾客更容易接受。如图1-2-7所示,为某运动品牌为新推出的滑雪冬装特意布置的场景式橱窗。

三、海报张贴

1.海报张贴位置

海报一般可张贴在店内墙壁、收银台前端或货

图1-2-7 场景式橱窗布置

架栏、顾客存包柜边缘等处。

海报张贴位置的选择应遵循以下原则。

（1）位置明显。

（2）不被其他物品遮挡,出现遮挡及时更换,确保海报易于阅读。

（3）海报尽可能张贴在销售点内,首选与产品邻近的位置。

（4）遵循"就左不就右"的原则。即在张贴海报时,要注意如果店门是对称张贴单元,那么海报要张贴在对称物左边。首先,人们已经习惯了从左到右的阅读浏览方式,左边相较于右边来说更容易使人们关注到海报内容;其次,人们习惯用右手,因此右边的海报更容易被撕掉或破坏。

2.海报张贴要求

（1）粘贴牢固,在玻璃门张贴时,尽量只贴四角,确保不留张贴痕迹。

（2）一个墙面上的海报最好张贴 4 张以上,根据现场条件组成"田"字形或"一"字形。如图 1-2-8 所示为"一"字形张贴海报。

图 1-2-8 "一"字形张贴海报

（3）张贴数量依据门店可张贴位置的大小决定,对于面积小的位置,2～4 张即可。

（4）使用胶带张贴时,以不损害、不弄脏墙体为原则,尽量隐藏,实在不能隐藏应做到不影响视觉效果。

3.海报检查及维护

（1）张贴后检查海报是否出现破损、翘角、遮挡等问题,位置及数量是否便于阅读。

（2）确定主题促销海报的时限,及时更换。

（3）保持外观清洁,及时将褪色、破损、展示不全的海报进行更换。

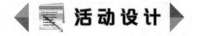

一、活动名称

（1）橱窗设计。

（2）粘贴海报。

二、活动条件

实训室、服装样品、计算机、促销海报、胶带、剪刀。

三、活动组织

(1) 5人一组,其中一名组员担任组长,将组员分为两组,一组3人,一组2人。
(2) 3人组负责完成橱窗设计,2人组负责完成海报张贴。
(3) 各组在操作中使用剪刀等锋利工具时注意安全。
(4) 每组完成后,教师及其他组同学对其进行点评和纠错。

四、活动实施

(1) 橱窗设计。

序号	步骤	操作说明	服务标准
1	设计橱窗的造型	综合考虑各种橱窗造型("一"字形、"L"字形、"U"字形、岛台、"二"字形等)的特点,选择最能展现该服装店特点的造型	造型与服装店的特点相契合
2	讨论橱窗的风格	综合评估各种橱窗风格(美式、欧式、地中海式、田园、中式、简约等)对服装店特色的表现程度	所选风格能够充分展现服装店的特点
3	协商灯光及电源	根据橱窗设计的规划,讨论需要多少电源、插头等,设计光照的角度和颜色	电源插头数量适当,光源能够突出服装的特色
4	选择橱窗所展示的商品	根据季节变化把应季商品集中进行陈列,比如夏季可以展示裙装、凉鞋、短裤等	展示的商品应季,符合当下服装穿搭的流行趋势,商品醒目,能够引起顾客关注
5	布置商品	根据造型要求,结合服装特点,利用模特、道具等将商品陈列出来	能够符合造型要求,能够科学、合理展示商品
6	橱窗布光	根据橱窗的照明及商品展示要求布置照明线路及灯具	达到橱窗照明及商品展示要求

(2) 粘贴海报。

序号	步骤	操作说明	服务标准
1	检查海报文案信息	检查海报文案和促销信息是否一致	保证活动信息表达真实准确
2	修改海报	(1) 根据要张贴的位置修改海报边框、大小等细节 (2) 如有需要,使用马克笔重点突出要展示的促销信息	(1) 确保海报尺寸合适 (2) 海报上添加的内容准确无误,表达清楚
3	清洗海报张贴位置	将玻璃(海报张贴的位置)擦干净	目视无水痕、无手印、无污渍、光亮洁净

续表

序号	步　骤	操作说明	服务标准
4	张贴海报顶端	将海报张贴在正确位置,用宽透明胶带对海报顶端进行固定	(1) 所选海报张贴位置易于被过往行人看到 (2) 尽量不露出胶带痕迹
5	粘贴海报其余部分	粘封好一边后,将海报展平后再粘封其余三边	(1) 海报张贴光滑、平整、不歪斜 (2) 海报未出现破损、翘角、遮挡等问题
6	检查海报	轮流检查海报粘贴效果	检查海报的高度,消费者是否平视可见

问题情景（一）

某服装店计划进行夏季两套新品服装的展示,店内橱窗区域长 2m、宽 0.8m、高 2.5m,需要完成橱窗设计,如果你是该店的工作人员,在设计橱窗造型时是用"一"字形、"L"字形、"U"字形、岛台,还是"二"字形?

提示:橱窗设计基本内容、橱窗设计的要求、橱窗设计的表现手法、橱窗的布置方式。

问题情景（二）

某大型百货超市针对即将到来的中秋节策划了一系列商品促销活动,为了增加促销活动的宣传力度,让更多人知道该活动,活动负责人要求工作人员在超市周围张贴海报,在张贴海报时发现海报的尺寸测量错误,且粘贴面由于材质的原因无法粘牢,如果你是工作人员,应该怎样处理?

提示:海报张贴位置、海报张贴要求、海报维护及检查。

五、学习结果评价

评价内容		评价标准	评价结果(是/否)
活动完成情况	活动一	能详细说明橱窗设计的基本内容、要求、表现手法以及橱窗的布置方式	
	活动二	能详细说明海报张贴位置、海报张贴要求、海报维护及检查	

课后任务

（1）以小组为单位,寻找家居类新零售门店的橱窗,拍照收集图片,并分析该橱窗的设计和布置方式。每组收集橱窗案例不得少于 2 个,收集图片不得少于 6 张。

（2）复习相关内容,然后向同桌说出橱窗设计的基本内容、要求和布置方式,同时比较橱窗设计的表现手法。

职业能力 1-2-2　能设计与绘制门店手绘 POP

核心·概念

　　手绘 POP:POP 是众多广告形式中的一种,是英文 point of purchase advertising 的缩写,意为"购买点广告",简称 POP 广告,手绘 POP 是门店美工人员手工绘制的广告图片。

学习目标

1. 知识目标
- 能掌握 POP 制作的常用方法。
- 能掌握手绘 POP 的制作技巧。

2. 能力目标
- 能模拟老师提供的 POP 广告样板。
- 能自己制作简易的 POP 广告。

3. 素质目标
- 形成正确的时尚艺术观念。
- 养成观察海报设计的职业习惯。

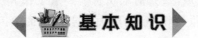

一、POP 广告概念

　　广义的 POP 广告,指在陈设商品的地方所设置的所有广告物,如商业中心、商店外的广告牌匾、充气广告、条幅、主题装扮,商店内的橱窗、陈列、服务指示,现场发放的广告刊物,进行的广告表演,以及广播、电子屏广告宣传等,都属于 POP 广告。

　　狭义的 POP 广告,指在商场和零售店内设置的展示商品的陈列柜,以及为解释说明商品,进一步带动商品销售,在其周围悬挂、张贴与摆放的广告物。

二、手绘 POP 制作的一般流程

　　(1) 收集与活动相关或者与产品相关的内容。
　　(2) 提炼标题和精简正文文字。
　　(3) 选择合适的版式。
　　(4) 选择合适的颜色搭配。
　　(5) 按版式的要求制作 POP。

三、手绘 POP 设计常用方法

1. 中线装饰

中线装饰是用不同颜色的粗笔写字,用细笔在已经写好的笔画中间描线。中线装饰选择颜色的规律是:颜色需要深浅、明暗搭配,一般用较浅颜色的笔写字,用黑色做中线,如用黄色写字,中线装饰可以选择绿色、红色、黑色等;用深色的笔写字,则可以用修正液来做中线。

中线装饰手法有很多种,例如单纯中线装饰、断点中线装饰、出尖中线装饰等,在中线装饰的基础上,还可以使用描软角、描圆点等补充装饰手法进行修饰。

中线装饰要求横平竖直,刚开始练习时可以用直尺来辅助描线,尺子的选择也比较讲究,需要选择一个有倾斜面的尺子,使用时让倾斜面朝下。需要格外注意的一点是,用尺子辅助描中线时,要注意笔画顺序,按照从上到下、从右到左的顺序来描中线,这样不容易弄脏画面,可以保持画面的整洁干净。

如图 1-2-9 所示,用黑笔在笔画中间描出"猜灯谜"三个字,这是没有经过任何其他修饰的最基本的中线装饰,中线仿佛整个字的字骨。

图 1-2-9　中线装饰

2. 背景装饰

背景装饰图案种类繁多,色彩各异,可以自由搭配。如图 1-2-10 所示,"八音盒"字样采用了星星、音乐符号等图案进行装饰,突出音乐的主题。

图 1-2-10　背景装饰

3. 阴影装饰

阴影装饰是通过增加阴影效果给文字进行装饰。如图 1-2-11 所示,是采用阴影装饰的"促销"字样。

图 1-2-11　阴影装饰

阴影装饰的技巧有：笔画相交的地方不描阴影；若部首的笔画相交，阴影描上边不描下边，描左边不描右边；要求直线的地方可以用尺子来辅助描阴影，弧线的部分只用手工描阴影；阴影一般使用黑色描绘，这样可以避免染色。

4. 轮廓装饰

轮廓装饰是通过在文字的外边描出轮廓进行装饰，浅色字样可以用黑色描轮廓。例如黄色、玫红色、绿色、浅绿色、浅蓝色等，都可以用黑色来做轮廓。如图 1-2-12 所示，是采用轮廓装饰的"冷面"字样。

图 1-2-12　轮廓装饰

在笔画外边缘描轮廓线是轮廓装饰的基本要求。轮廓线应贴合笔画外缘，笔画交叉的地方不需要描轮廓，描完轮廓后再通过描边角进行完善。

5. 高光装饰

高光装饰一般有两种手法：一种是在水性笔上色的字上留高光，也就是留白；另一种是后期用修正液来做高光，后者使用更多。高光样式种类可自选，有单纯高光，也有雪花等样式。在使用修正液画高光时要注意提前摇匀，边按边画高光。如图 1-2-13 所示，是采用高光修饰的"篮球"字样。

图 1-2-13　高光装饰

四、手绘 POP 制作技巧

1. 练好手绘 POP 正字或活字

字是一张海报的基础。练字非常重要，可使用记号笔和练字格搭配来练字。

2. 掌握常用的标题字装饰方法

标题字可以点明主题,吸引眼球,设计好标题字可以使海报画面丰满有趣,是一张海报的灵魂。

3. 遵循排版布局原则

排版时,正文和标题字可以用装饰线条或色块等进行区分,使之相互区分、各自凸显,但又相互呼应、互相融合。排版布局一般遵循以下几个原则。

(1) 标题、插图、正文各占海报面积的 1/3。标题所占面积直接影响海报的视觉效果,通常情况下标题占海报面积的 1/3。如果有副标题,标题和副标题应一起占整张海报面积的 1/3 到 1/2。根据海报文字内容的多少,可以适当调整标题的大小,正文较少时,标题可以放大到海报面积的 1/2 左右,正文内容较多时,标题可以压缩到 1/4。

(2) 海报四边留空。海报四边留空也称为 POP 海报的外部"留气"。具体留空的多少要根据海报的规格来决定,2 开(530cm×760cm)的 POP 纸四边需要留 3～5cm 空白;4 开(390cm×543cm)的 POP 纸四边需要留 2～4cm 空白;一般的 POP 纸四边留 0.5～1cm 空白。

(3) 行距大于字距。POP 海报的行距和字距也有讲究,内容只要有 2 行以上(含 2 行),各行文字的行距就要注意大于字距。具体行距的大小一般在字高的 1/3 到 1/2 之间。而字距则要把握合适的距离,注意字与字之间要留有一定的间隙,不能相接,也不能相距太远。

4. 颜色使用协调

一张海报中的颜色有 3～5 种即可。色彩使用是否恰当直接影响人们是否会关注海报信息,颜色太多容易显得杂乱,太少又会显得单调没有重点。通常,标题字采用 1～3 种颜色,正文以单色为主即可,重点内容可换一种颜色来写。

五、手绘 POP 常用工具

完成一张精美的 POP 海报制作,依据实际情况需要用到多种工具,手绘 POP 常用工具如表 1-2-1 所示。

表 1-2-1　手绘 POP 常用工具

类　型	工　具　细　分
笔	双头彩色马克笔、粉笔、蜡笔、粉彩笔、彩色铅笔、素描铅笔、水彩笔、毛笔、针笔、白漆笔、金漆笔、银漆笔
颜料	水彩、广告颜料、墨汁、色丹
胶	双面胶、口红胶、透明胶带、纸胶带、胶水、照片胶
刀	笔刀、美工刀、割圆器、造型剪刀、剪刀
其他工具	切割板、切割钢尺(30cm、70cm、100cm 各一把)、小尺、波浪尺、软尺、圆规、修正液、修正带、手提袋、纸卷筒

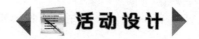

一、活动名称

制作端午促销活动的 POP 海报。

二、活动条件

海报纸、美工刀、彩色马克笔、计算机。

三、活动组织

(1) 临近端午节,某品牌生鲜零售店推出了端午促销活动,请为该活动制作 POP 海报宣传。使用美工刀裁剪海报时注意安全。

(2) 2 人一组,根据要求完成手绘 POP 制作。

(3) 每组完成后,老师及其他组同学对其进行点评和纠错。

四、活动实施

序号	步 骤	操 作 说 明	服 务 标 准
1	收集活动相关商品信息	收集活动相关的商品信息,并进行深入观察,掌握商品的特点	(1) 所选商品与此次活动的主题相契合 (2) 清楚掌握商品的特点
2	确立标题及文案	根据活动的主题及所要宣传的商品确立 POP 广告的标题"端午佳节"及具体文案	(1) 标题简练明了,吸引顾客眼球 (2) 文案简洁易懂,清楚展示活动主题
3	选择纸张	(1) 根据文字内容以及活动主题选择合适颜色的海报纸 (2) 将海报纸裁剪到合适大小	(1) 纸张颜色与活动主题相互衬托,不过分鲜艳 (2) 纸张大小要与文字内容相匹配
4	书写标题及文案	(1) 在选择好的纸张上书写标题及文案 (2) 绘制与主题相对应的插图装饰	(1) 字体与展示的内容相匹配 (2) 能合理运用手绘 POP 的设计方法及装饰技巧
5	海报检查	检查海报文案及促销信息	海报文案信息与促销活动信息一致

问题情景 (一)

临近端午节,某品牌生鲜零售店推出了端午香粽,为了这款香粽的推广,店铺推出了消费满 100 元即送"端午香粽"的促销活动,请为该活动制作 POP 海报宣传。

提示:主题要突出"浓情端午 凡于本店购物满 100 元者均赠端午香粽",如图 1-2-14 所示。

图 1-2-14　端午主题海报

问题情景 二

某生鲜零售店计划在端午节开展优惠促销活动,海报文案中要体现"最高满 200 元送 80 元"的促销信息,请完成手绘 POP 的设计和制作。

提示：主题要突出"最高满 200 元送 80 元"。

问题情景 三

某新零售餐饮门店希望利用端午节推出一款新产品"海鲜锅底",促销价为 10 元,为了更好地宣传该新品,请为该门店设计并制作一张手绘 POP。

提示：主题要突出"海鲜锅底"和"促销价 10 元"。

五、学习结果评价

评价内容		评价标准	评价结果(是/否)
活动完成情况	活动一	突出"端午节"和"送香粽"主题 主题商品粽子要突出 准确运用手绘 POP 的设计方法及装饰技巧	
	活动二	突出节日"满""送"主题 准确运用手绘 POP 的设计方法及装饰技巧 能吸引消费者注意,促销信息简洁明了	
	活动三	突出新品和价格主题 准确运用手绘 POP 的设计方法及装饰技巧 能吸引消费者注意,促销信息简洁明了	

课后任务

服装品牌"初晓"的拥有者是一家售卖汉服的电商公司,主要受众是 18～30 岁的女性,为配合其新零售线下门店的新款上市促销活动,需要制作几张手绘 POP 进行推广。

(1)以小组为单位,收集相关风格的字体、图案、素材。

(2)每组设计并制作一张手绘 POP。

职业能力 1-3-1 能营造不同门店、区域、时段音乐氛围

核心·概念

门店音乐氛围:音乐氛围门店在营业过程中通过播放音乐所营造的一种氛围。

 学习目标

1. 知识目标

- 能够说出门店背景音乐的作用。
- 能够简述营造音乐氛围的注意事项。

2. 能力目标

- 能够分析不同门店音乐类型风格的特点。
- 能够选择适宜的音乐为店铺营造氛围。

3. 素质目标

- 认同音乐在门店经营中的重要性。
- 提高音乐鉴赏能力和审美素养。

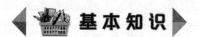

基 本 知 识

一、常见的音乐类型

1. 摇滚音乐

摇滚音乐是节奏布鲁斯和乡村音乐相融合的一种音乐形式,使用的乐器以吉他、贝斯、鼓为主,演奏时利用大功效的音响和诸多效果器来表现音乐情绪。摇滚音乐的特点是音量大,节奏简单、强烈。

2. 流行音乐

流行音乐是指那些结构短小、内容通俗、形式活泼、情感真挚,被广大群众所喜爱,广泛传唱或欣赏,流行一时或也流传后世的乐曲和歌曲。这些乐曲和歌曲,植根于大众生活这一丰厚土壤之中,因而又有"大众音乐"之称。流行音乐的主要特点是流行性和大众性。

3. 爵士音乐

爵士音乐是出现最早且在世界上影响最广的一个乐种。爵士乐的切分节奏复杂多样,特别是跨小节的连续切分经常将原有的节奏整小节移动,造成一种飘忽不定的游移感。即

兴演奏(演唱)是爵士音乐最大的特点。

4. 民谣

民谣作为一种源自民间的演唱形式,作品的来源主要有两种,一种是根据古老的传统民谣改编的曲目;另一种是按照传统民谣风格创作而成的创作民谣。民谣演唱不过分讲究声乐技巧,主要以自然声为主,旋律相对较为平稳,具有浅吟低唱的特征。

5. 轻音乐

轻音乐介于古典音乐和流行音乐之间,具有古典气息与现代风味,华丽而不艳俗,既通俗易懂、平易近人,又格调高雅、风度不凡。轻音乐可以营造温馨浪漫的情调,带有休闲性质。

6. 古典音乐

古典音乐包含平衡、节制、简洁和精致的概念。奏鸣曲是最典型的古典音乐。古典音乐的特点是:流畅的旋律,摒弃复杂的对立手法,让旋律听起来更为润滑;伴奏部分通常都很简洁,通常用低音来演奏固定的音型,不会对旋律喧宾夺主。

7. 民乐

民乐是指民族音乐。中国民族音乐指用中国传统乐器以独奏、合奏形式演奏的音乐,其特征表现为音律和谐,具有意境美。

二、音乐的作用

1. 音乐对人的影响

音乐对人们的精神状态和心理状态都有着潜移默化的影响,运用某些音乐特有的旋律与节奏可以降低人的血压,减慢呼吸速度,促进新陈代谢,使人有温和的感受,降低生活压力。

2. 快节奏音乐的作用

(1)产生紧迫感,不给顾客留思考的时间。快节奏的音乐会给顾客一种时间紧迫的心理暗示,顾客会减少思考时间而直接选择接受店员的建议,适合快消式消费。

(2)减少停留时间。例如快餐店一般顾客多,人流量大,使用快节奏的音乐,可以加快顾客流动,吃完后无心继续停留,从而为后面的顾客留出更多空位。

3. 慢节奏音乐的作用

(1)增加驻足时间。慢节奏的音乐可以起到舒缓作用,给顾客一种悠闲自在的感觉,进而让顾客驻足停留,比如咖啡厅、茶馆,人流稀少,用慢节奏的音乐拉长顾客停留时间,使店里更有人气。

(2)提供安静柔和的享受体验。慢节奏的背景音乐可以给顾客一种享受的感觉,适合用户进行体验式消费。

三、门店音乐氛围策划要求

1. 以定位定风格

商家需要根据自己的经营定位、营运风格及管理模式,确定音乐种类、音乐形式、音乐风格。店铺音乐要根据自身定位、想要传递给顾客的独特视角,以及店铺的装潢、风格等,匹配与之风格相近的乐曲风格,营造和谐的氛围。

如轻柔的爵士乐、管弦乐可以使复古风格店铺更有韵味;欧美音乐、轻音乐能使简洁时尚风的店铺显得更洋气;以儿童产品为主的店铺可以播放童趣类的儿歌;以化妆品为主要商品的店铺可采用流行音乐,并且需紧跟大众潮流,及时更新音乐。

2. 按照时段选择音乐

(1)按照每天不同的时间段灵活选择曲目,可根据开店、打烊、时间变化来决定播放曲目。

早晨时分,美好的一天开启,播放一些灵动朝气的音乐,让好心情从早晨开始。

晚上时间段,忙忙碌碌累了一天,播放一些舒缓的纯音乐,让顾客放松心情、减少疲惫。

(2)按照不同的季节选择音乐。

春季万物复苏,热情朝气的音乐与季节相呼应,让顾客感受春的气息。

夏季炎热干燥,清爽舒缓的音乐缓解燥热焦虑,让顾客感受炎热夏日的清爽。

冬季岁暮天寒,温暖悠扬的歌曲营造暖和氛围,让顾客感受寒冷冬天的温暖。

3. 选择平时固定播放的曲目

固定曲目一般每天一套,可以循环播放,也可以穿插播放。

4. 选择特色音乐

根据不同城市、不同区域的风俗习惯、消费习惯、消费素质等,选择符合当地特色的音乐。例如在成都的步行街更适宜播放民谣类歌曲;广州地区的商铺更适宜粤语歌曲;大型商场内的店铺应播放流行歌曲。

5. 控制音乐音量

在店铺中,顾客不仅能听到店内的背景音乐,还能听到各种嘈杂的噪声。噪声太高会使顾客心烦气躁,没有耐心停留消费,而播放合适的音乐可以降低噪声的影响,营造舒适的购物氛围,使顾客心情舒畅。店内音乐音量的大小一般控制在人在店内距离 1.5m 左右正常说话能够听清楚为最佳,如果听不清,则是音量过大,音乐反而变为噪声。

6. 迎合顾客特定心态需求

例如,店铺在大拍卖时,就可以通过播放一些节奏比较快、旋律比较强劲的乐曲来营造一种火爆氛围,促使顾客产生想要抢购的冲动。

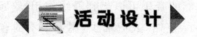

一、活动名称

为新零售门店策划营造音乐氛围。

二、活动条件

计算机、多媒体音响设备、投影仪。

三、活动组织

（1）2 人一组，以一家新零售门店为例，为其营造音乐氛围。

（2）将策划步骤及最终完成的方案形成文档。

（3）每组完成后向其他同学展示，其他组同学对其进行点评。

四、活动实施

序号	步　骤	操 作 说 明	服 务 标 准
1	确定音乐的风格	根据情景特征确定适当的音乐风格，节日应选取欢快热闹、清新放松的音乐	能准确把握情景特征并选取合适的音乐
2	搜集音乐	根据明确的音乐风格在音乐平台搜索音乐，可按照关键词搜索	能正确使用音乐平台搜索所需要的音乐
3	确定曲目	在搜集到的音乐中试听并选择 8～10 首音乐	选择的音乐符合门店氛围
4	整理播放清单	将选择好的音乐按照需求或其他方式进行排序，使其按顺序播放	两首相邻的音乐衔接合适，避免风格突变
5	调试音响	检查音响等设备是否完好，并进行调试，包括音量的调节，使音量不要过高或过低	（1）音量以人在店内相距 1.5m 左右正常说话能够听清楚为准 （2）音响能无故障使用
6	播放结束整理	音响播放结束之后，将音响设备整理好，关掉电源	音响摆放整齐，不影响下次使用

问题情景（一）

某咖啡店开设在市郊的某创业园区内，如果你是这家咖啡店的运营人员，在工作日时段你该如何营造店铺音乐氛围？

提示：考虑到就餐顾客多为洽谈工作，应选择舒缓慢节奏的音乐背景，同时注意音量不宜过高以免打扰顾客。

问题情景（二）

某新开业的书店，店内设置有数张桌子，客人选购书的时候可以坐下阅读，前几天老板新招了一名前台人员，其中一项工作内容是负责每日音乐播放，要求适合门店的读书氛围。如果你是这名前台人员，你会怎样营造门店音乐氛围？

提示：可以选择舒缓的轻音乐。

五、学习结果评价

评价内容		评价标准	评价结果(是/否)
活动完成情况	活动一	能准确分析咖啡店的环境特点 能为咖啡店选择合适的背景音乐	
	活动二	能准确分析书店的环境特点 能为书店选择合适的背景音乐	

课后任务

服装品牌"金钗令"近期在某市商业街开设了一家主要售卖汉服服饰的服装店,目标人群是18~35岁的青年群体,请利用音乐软件为其收集整理门店背景音乐,制作一份歌单。

职业能力 1-3-2 能规范使用门店音响设备

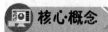 **核心·概念**

音响设备:主要由音源、控制设备、音频处理器、功率放大器、音箱组成。

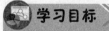 **学习目标**

1. 知识目标
- 能够说出门店常用的音响类型以及特点。
- 能够简述门店音响管理规定以及使用注意事项。

2. 能力目标
- 能够正确连接门店音响设备。
- 能够正确使用音响设备,收纳管理规范。

3. 素质目标
- 培养管理的音响设备的责任意识。
- 树立认真严谨的工作态度。

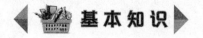 **基本知识**

一、音响设备系统组成

1. 音源

音源包括音乐播放设备、拾音设备(即话筒)。

2. 控制设备

控制设备包括模拟调音台、数字调音台、数字音频媒体矩阵、AV数字管理中心。

3.周边设备

周边设备包括处理器、解码器、均衡器、压线器、分频器、激励器、延时器、效果器、反馈抑制器。如图 1-3-1 所示,是音响周边设备中的解码器。

图 1-3-1　解码器

4.还原设备

还原设备包括音箱或扬声器系统、功率放大器(见图 1-3-2,简称"功放")。

图 1-3-2　功率放大器

5.连接线

连接线是将以上设备串接在一起的各种线材、电缆。

二、常用门店音响类型

1. AV 音响

AV 音响注重影音的音效,多应用于电影院,它的信号源分为音频和视频两部分,即一部分音频信号,一部分图像信号。一般的店铺不涉及专业的图像音源,因此这个品类音响并不合适。

2. HI-FI 门店音响

HI-FI 门店音响设备虽然能体现细节和韵味,但是更适合居家使用,在店铺嘈杂的环境中,音质会大打折扣。而且,专业的设备对器材要求很高,需要正版 CD、专业解码、电源处理、音响线、功率放大器等。

3.背景音响

背景音响是单声道播放,比较适合店铺使用。因为商业空间讲究声音能够均匀地分布在店铺的每个角落,让每个角落的音质、音调、音色、音量都是一致的。

4.多媒体音响

多媒音响通常是家庭使用,放在店铺效果是非常差的,既不能保证声音均匀,音质也不太好。

三、规范使用门店音响

1.门店音响使用规范

(1)音响装好后,必须按程序检查是否正常使用,妥善保管说明书、保修卡。

(2)按公司规定时间播放音乐,不得播放私人碟片、不合格碟片。

(3)每班专人专管,其余人员不得乱放、乱动。

（4）每班做好交接记录，交接时，经检查确认完好，写入交接范围。

2. 音响使用中注意事项

（1）不允许拆卸音响，如有问题找相关人员进行维修。

（2）远离带有水的容器和杂物，机体不得放置于潮湿和太阳直射的地方。

（3）要远离暖气和电炉等热源，电源、插头定期检查。

（4）保持散热处正常通风，下雨、打雷时切勿接触天线和电源，以防触电。

（5）音箱放置平稳，找稳定和安全的地方放置，以防摔坏。

（6）不允许将各种杂物放到音箱附近，以免影响音质，机体不得存放重物。

（7）必须定期做好清扫工作，保持干净、整洁，同时避免划伤机身。

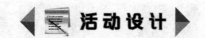 活动设计

一、活动名称

安装门店音响设备。

二、活动条件

计算机、专用小音箱、音响设备、安装工具、工作台。

三、活动组织

（1）2人一组，讨论音响设备安装步骤。

（2）将操作步骤整理出来，并按照操作步骤执行。

（3）每组完成后向其他同学展示，其他组同学对其进行点评。

四、活动实施

序号	步骤	操作说明	服务标准
1	选择适合门店使用的音响设备	根据门店性质选择不同的音响设备	家庭影院店选择AV音响，音乐发烧友店则选择HI-FI门店音响，一般门店则选择背景音响
2	找到音频输出的插口	查找主机后面的三个圆形插口，通过使用说明书查找音频输出的插口	可以准确找到音频输出的插口
3	将金属插头插到音频输出的插口里面	把圆形插头插在中间圆形插口上	可以准确插入金属插头
4	将USB插头插到USB插口上	把USB插口插在主机后面任意一个USB插口上	可以准确地将USB插头插到相应的USB插口上
5	选择输入设备类型	回到计算机主机界面，在提示选项"选择输入设备类型"窗口中选择"前喇叭"	能够选择正确的输入设备类型

续表

序号	步　骤	操 作 说 明	服 务 标 准
6	设置音响效果	根据运营需求设置音响效果	能够选择合适的音响效果
7	测试音响连接是否成功	打开音响开关,查看音箱播放情况	音响能够输出正常的声音

问题情景（一）

老北街新开了一家音乐发烧友店,店内专门经营经典音乐制品,如黑胶唱片。为了给门店打造独特的音乐氛围,经理决定购置一套音响,请你选择并安装好。

提示:选择并安装 HI-FI 音响。

问题情景（二）

某青少年运动服装品牌在新南街开了一家新零售门店,在开业前夕,小刘被主管分配去连接门店的音响设备,小刘应怎样操作?

提示:选择背景音响。

五、学习结果评价

评价内容		评价标准	评价结果(是/否)
活动完成情况	活动一	能正确选择并安装 HI-FI 音响	
	活动二	能正确选择并安装背景音响	

课后任务

（1）某便利店新招聘了一位收银员,除了收银工作以外,他还需要负责门店音乐的播放事宜,如果你是培训人员,你会给这位新员工培训关于音响的哪些注意事项? 怎样进行培训?

（2）请收集三首以上不同风格的音乐,并说明适合它们播放的门店和场景。

职业能力 1-4-1　能根据不同食品类别进行品类管理

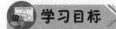 **核心·概念**

品类管理:商家根据消费者需求以及产品特性把所经营的商品进行分类管理。

学习目标

1. 知识目标

• 能够简述商品品类的含义。

• 能够列举食品品类管理中的注意事项。

2. 能力目标

• 能够应用食品品类管理规范进行管理。

• 能够画出食品分类表。

3. 素质目标

• 提高对品类管理重要性的认识·提升质量意识。

• 养成日常管理中严谨的工作作风。

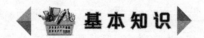 **基 本 知 识**

一、商品品类管理

1. 商品品类的概念

商品品类是指一组易于区分、能够管理的产品或服务。同一品类的商品之间具有替代性。商品品类管理要做到可识别、可规划、可操作。

2. 商品品类管理的作用

商品品类管理不仅可以向消费者提供超值的商品和服务,而且可以提高企业的运营效率。通过管理,企业可以形成完整、连贯的供应链条,在迎合消费者要求的同时大大减少脱销的现象。

3. 商品品类管理的工作流程

商品品类管理的工作流程主要包括确定行动计划、信息收集和品类优化分析。

(1)确定行动计划。计划中需要提前确定共同目标,明晰各部门相互协作的要求,以及确定详细的商品数量、所属品类及不同品类货品摆放区域。

（2）信息收集。为更好地了解、保障用户需求，需要对商品品种、流量等数据进行实时跟踪、收集、处理和分析。

（3）品类优化分析。品类管理要求门店根据不同商品的销售情况对该品类的管理方式进行优化调整，不同程度地增加或者减少该品类的商品，具体步骤如下。

① 现状评估。对当前商品品类管理的效用进行评估，包括是否合理、是否能做到有效管理。

② 品类管理基础设计。将企业商品根据销售现状的评估结果进行分类，按照不同类商品品类实行不同的管理办法。

③ 品类管理初期测试。按照设计好的品类管理流程实施管理，并测试此管理办法是否合理、有效。

④ 品类管理全面推广。通过测试后，将品类管理办法应用到全部门店。

二、食品品类管理

1. 食品的品类

食品品类的划分如表 1-4-1 所示。

表 1-4-1　食品品类

品类	概念	举例	
常规食品	满足顾客即时性、应季性、应急性和休闲性的需求，如饮料、方便食品、休闲食品等	液体食品类	饮料、奶制品、酒
		休闲食品类	饼干、糖果、巧克力、小食（炒货、豆制小食、肉类小食、膨化食品等）、季节性休闲食品（散装月饼、礼盒月饼等）
		粮油调味类	冲调奶粉、冲调食品、冲调饮品、保健营养品、调味品
速食食品	满足顾客一日三餐的需求，起到快餐的作用的食品，如茶叶蛋、烤肠、面包等	自制热食	关东煮、热狗类、茶叶蛋、糕点
		自制冷食	自制果汁、自制可乐、自制冰淇淋、自制奶品
生鲜食品	没有经过加工处理的有保鲜要求的初级产品	果蔬、肉类、水产品	

2. 食品管理规范

（1）饮料类有以下管理规范。

① 根据由季节变化而产生的饮料需求变化而合理搭配商品结构，注意子分类的占比，例如茶饮、碳酸饮料、功能饮料、果汁、奶制品、矿泉水的品类占比。

② 应季销售要注意陈列方式，如冷柜内饮料要整齐、数量充足，给消费者视觉引导，吸引消费者进行消费。

③ 注重有整件销售机会的饮料的备货。

④ 注重传统节日家庭装饮料的备货。

（2）休闲食品类有以下管理规范。

① 密切注意子分类中麻辣食品、肉干类、坚果、糖果、膨化食品的销售占比及货架分布，根据销售情况进行优化。

② 根据区域内的消费者需求及时调整品类。例如社区类型门店可考虑集中陈列儿童食品,且种类丰富,主价格为 1~4 元;娱乐区门店,可考虑麻辣食品、坚果等。

③ 尝试引入高毛利的二线品牌,适当进行新品推介,提高品类销售毛利。

④ 注重节日对各品类的影响,如儿童节、春节对糖果销售的影响等,做到合理备货,突出陈列。

⑤ 加强对外包装的检查,及时下架有质量问题的商品。

(3)生鲜食品类有以下管理规范。

① 注意卖场卫生,卖场应开阔宽敞,地面干净无污物,陈列架及陈列道具等干净整洁。

② 食品之间不能混杂,将同类型生鲜产品就近陈列。

③ 根据生鲜商品的不同属性进行温度与湿度控制。

④ 关注销量较高的商品,关注节日带来的需求增长,做好备货。

(4)冷冻、冷藏食品类有以下管理规范。

① 掌握影响低温商品鲜度的因素,如加工前保证食品原料的鲜度,包装所用的材料和包装方法,完善的低温运送系统,储存和展示陈列的设备,营运人员的商品处理水平等。

② 经常检查陈列设备的温度,及时发现故障。

③ 保持环境清洁。

④ 提前计划好停电时的应变措施。

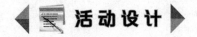

活动设计

一、活动名称

制定食品品类管理方案。

二、活动条件

计算机、投影仪。

三、活动组织

(1)5 人为一组,其中一名组员担任组长,负责组织本组组员完成食品品类管理方案。

(2)通过对食品品类的具体管理方法进行记录、收集相关信息,分析各品类的不同管理办法。

(3)每组完成后,向其他同学展示方案内容,并分析针对特殊材质食物进行特殊管理的具体措施及注意事项。

四、活动实施

序号	步骤	操作说明	服务标准
1	搜集商品信息	搜集门店中的食品信息,如存放要求、包装要求、保质期等	(1)搜集到的信息真实有效 (2)信息全面、完整

续表

序号	步 骤	操作说明	服务标准
2	整理商品信息	针对搜集到的信息进行整理归类,例如依据存放环境、保质期、包装要求进行分类	(1)了解各类食品的存放环境、保质期限及包装要求 (2)根据不同要求进行正确归类
3	完成商品品类管理	根据上述分类,陈列摆放各类食品,并进行合理调整;操作过程中要注意规范、有序,防止商品交叉污染或串味	(1)对各类食品进行合理陈列、摆放及调整 (2)防止操作不当引起的商品污染
4	完成表格	对各类食品的具体管理措施、注意事项进行有效记录(表格附)	(1)将商品信息准确地记录在表格中,表述规范 (2)商品信息尽量全面、完整
5	交流讨论	向其他同学展示最终成果,就其中需要特别注意的地方进行分析讨论	(1)接受其他组的纠正或补充 (2)听取其他人意见,并充分重视其中需要重点注意的部分

食品品类管理方案展示表

序号	分类	名称	具体管理措施	注意事项
1				
2				
3				
4				
5				
6				
7				

问题情景 一

某生鲜门店需要根据日常销售情况对所经营的生鲜产品制定新的品类管理方案,如果你是门店管理者应如何进行?

提示:注意商品管理的流程、生鲜食品的分类、生鲜食品管理的管理规范。

问题情景 二

某新零售门店准备针对春节为其休闲食品制定新的品类管理方案,如果你是休闲食品组长,应如何进行?

提示:注意商品管理的流程、休闲食品的分类、休闲食品管理的管理规范。

五、学习结果评价

评价内容		评价标准	评价结果(是/否)
活动完成情况	活动一	能够制定出生鲜食品的品类管理方案	
	活动二	能够制定出具有春节销售特点的休闲食品管理方案	

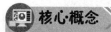

课后任务

（1）调查生鲜类新零售门店，了解这类门店有哪几类食品？工作人员又是如何进行品类管理的？将收集到的资料整理成文档。

（2）与同桌以游戏的方式，轮流列举出食品品类管理中的注意事项，无法完成的接受另一方的"惩罚"。

职业能力 1-4-2　能为顾客提供食品销售的二次服务

 核心·概念

食品的二次服务：对食品材料的深加工。

学习目标

1. 知识目标
• 能够列举食品二次服务话术要求。
• 能够举例说出二次服务产品。

2. 能力目标
• 能够独立进行鲜活海鲜的粗加工处理。
• 能够独立使用蒸包机、制氮机、热狗机、微波炉。

3. 素质目标
• 遵守为顾客提供食品二次服务的卫生制度。
• 养成主动为有需要的顾客提供食品二次服务的习惯。

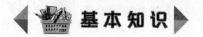 **基本知识**

一、食品二次服务话术

为顾客提供食品二次服务的时候，应保持微笑，与顾客有眼神交流，语气亲切，使用礼貌用语，可对顾客讲述内容点头回应，能恰当进行开放型提问，了解顾客需求，再根据顾客的需求做出针对性的反馈。常见场景及用语如下。

（1）为顾客加热便当。若顾客在店内购买了便当或可以加热饮用的饮品时，工作人员应主动询问客人："您好！请问您购买的××需要加热一下吗？"确认后应对顾客说："好的，您稍等一下，加热需要两分钟。"将加热好食物双手递给顾客时说："这是给您加热好的××，小心烫。"

（2）为顾客提供熟食。当顾客在店内购买热狗肠、玉米等熟食时，可以询问顾客："您好！请问您是要外带还是在这边吃？"如果客人要外带，就给客人包装好食物，并放一些纸巾、一次性筷子、手套等；如果客人在店内食用，则双手把食物、纸巾递给客人，并以手势引导客人就餐。

（3）为顾客提供热水。若顾客在店内购买桶装食品，例如方便面、酸辣粉、自嗨锅等，可以主动询问顾客是否要在店内食用："您好，请问您是要在店内食用还是带回家里食用呢？"如果顾客要在店内食用则说："先生/女士，如果您需要热水，我们店里的热水器在那边。"并伴以手势指引。

二、二次服务中的产品加工

1. 鲜活海鲜粗加工处理

鲜活海鲜粗加工的前提在于保证海鲜的质量，在加工前应先进行验货，总体保证海鲜必须新鲜、无异味，然后遵循不同品类海鲜加工的方法进行粗加工，这里以鱼和螃蟹的粗加工为例。

（1）鱼的粗加工。鱼的粗加工流程主要有四个环节，如图 1-4-1 所示。

图 1-4-1 鱼的粗加工流程

一般来说，大部分鱼在加工时首先要将鱼鳃去除，用刀背刮两面鱼鳞，也有一些鱼是不需要刮鱼鳞的，比如禾花鱼等；再划开鱼的肚子，将鱼的内脏拿出来，注意不要把鱼胆划破；然后询问客人是否有给鱼肉"打花刀"等特殊要求；最后将处理好的鱼打包，贴好标签。具体操作如图 1-4-2 所示。

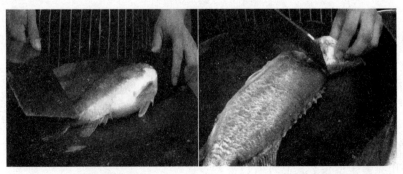

(a) 用刀背刮鱼鳞　　　　　　　　　　(b) 去除鱼鳃

图 1-4-2 鱼的粗加工

| (c) 鱼表面打花刀手法 | (d) 经过粗加工的鱼 |

图 1-4-2（续）

（2）螃蟹的粗加工。螃蟹的粗加工流程主要有四个环节，如图 1-4-3 所示。

戴好手套，将顾客选定的螃蟹从水缸取出 → 与顾客确认无误后，将螃蟹用绳绑紧 → 将螃蟹进行称重后，选择品类，打印价格小票 → 询问顾客意见后，对螃蟹进行预处理，打包

图 1-4-3　螃蟹的粗加工流程

需要注意的是，在捆绑螃蟹时，首先要制住螃蟹的钳子，以免夹伤，再收紧螃蟹的小爪，便于捆绑。应选择专用绳子，先捆绑两边，再上下捆绑，最后打结即可。称重后，需要询问客人，是否要拆分螃蟹或打氧打包，拆分螃蟹的具体操作如图 1-4-4 所示。

| (a) 剪掉螃蟹钳子后，从腹部打开 | (b) 将蟹壳分离后，可将蟹肉一分为四 |

图 1-4-4　螃蟹的粗加工

2. 充氮定型包装产品加工

充氮定型包装是将食品装入包装袋并抽出空气，达到预定的真空度后，充入氮气等气体，最后封口。

充氮定型包括适用于各种液态、固态或粉状产品以及容易生蛀、腐败、变潮、霉变、氧化的物品，包装物为各种塑料复合膜和塑料铝箔复合膜。使用充氮定型包装可以达到延长产品保质期的目的。

（1）使用充氮定型包装产品具有以下特点。

① 包装外形美观大方。

② 能防止保鲜产品过早腐败或变质，延长产品储存时间。

③ 适合易碎、怕挤压产品的包装。

（2）手动充氮包装操作流程如下。

① 将称量好的产品装入包装袋内。

② 将气嘴插入包装袋中，注意袋口处要放平，以保证封口平整，如图 1-4-5 所示。

③ 脚踏启动按钮，结束后即可取出产品。

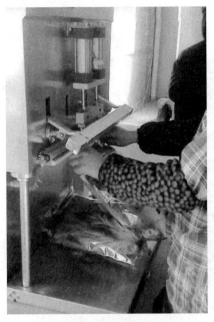

图 1-4-5 手动充氮操作示范

（3）小型制氮包装机（见图 1-4-6）适用于各类食品、土特产、水产品、化工原料等固体、粉状、糊状、液体商品的大中小剂量真空包装。主要包装材质为各类塑料薄膜袋、复合袋、铝箔袋。小型制氮包装机操作流程如下。

图 1-4-6 小型制氮包装机

① 插上电源插头,打开电源开关;

② 在控制面板上设定参数,包括抽气、加热、封口时间;

③ 将包装物品放置在封口线上;

④ 按下真空盖,机器自动开始工作,待真空表回零后即工作完成。

3. 熟食产品复热装盘

我国很多餐饮品牌都生产速冻食品,对于顾客线上、线下的订单,零售门店只需要做复热装盘处理。蒸包机可以进行多种熟食产品复热,如图 1-4-7 所示。

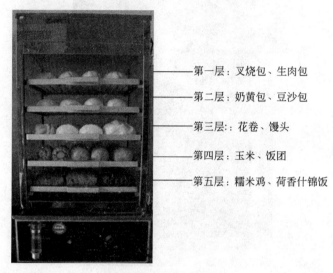

第一层:叉烧包、生肉包

第二层:奶黄包、豆沙包

第三层:花卷、馒头

第四层:玉米、饭团

第五层:糯米鸡、荷香什锦饭

图 1-4-7 蒸包机的使用

(1)配套设备有蒸包机、食品夹、食品袋。

(2)具体操作步骤如下。

① 制作熟食前,进行个人手部及蒸包机内部清洗。

② 将熟食产品从冰柜中取出,剪开外包装袋,用食品夹将包点、糯米鸡等放入蒸包机内相应位置摆好。

③ 装水,水加至水箱 MAX 位置。在售卖的过程中,水分会蒸发流失,当水位低于 MIN 时要及时加水,否则蒸包机会因缺水而停止工作。

④ 打开电源开关,在适当时间可打开照明灯。将温度调为 100℃ 左右,蒸上 20 分钟左右即可销售。

⑤ 在日常销售中,可用温控器来调节温度,蒸包机工作温度不可低于 70℃。

(3)使用蒸包机进行熟食产品复热后,售卖标准如下。

① 蒸包机温度达到 70℃ 以上时,各类产品蒸熟时间为:包点 20 分钟;糯米鸡、粽子 30 分钟。若小于此蒸煮时间,必须要经微波炉中高挡加热 1 分钟方可售卖。

② 在符合蒸煮时间的前提下,食品出售时用食品夹轻轻去夹,有松软的感觉为最佳食用效果。

③ 在不能保证食品是否熟透的情况下,绝不能售卖给顾客,将食品放入微波炉中高挡加热 1 分钟方可售卖。

④ 销售要遵循"先进先出"的原则,按摆放顺序销售产品。蒸包机停止加热工作时,机内不能存放任何食品,这是因为食品在温度低于70℃时,会迅速滋生细菌,导致食品变味、变酸、变质。

4. 速冻产品加热

速冻产品一般有热狗、丸子等品类食品,如图1-4-8所示是新零售便利店中常见的热狗机。

(1) 配套设备有热狗机、竹签、食品夹。

(2) 操作步骤如下。

① 制作熟食前要先洗手,保证个人卫生。

② 解冻与清洗。从冷柜取出热狗肠,放在微波炉中使用解冻挡解冻1分钟,或利用室温解冻。

③ 调温。打开热狗机电源开关,将温度调节器刻度调到刻度100℃。

④ 烘烤。将已解冻的热狗肠放在转轴上烤。

⑤ 烘烤温度与时间标准如下。

图1-4-8 热狗机

用低挡(刻度0~50℃),烘烤约50分钟,即可售卖,在此状态下有效售卖时间为烤熟后120分钟,适用于顾客较少时。

用中挡(刻度50~100℃),烘烤约30分钟,即可售卖,在此状态下有效售卖时间为烤熟后80分钟,适用于顾客流量一般时。

用高挡(刻度100~200℃),烘烤约20分钟,即可售卖,在此状态下有效售卖时间为烤熟后40分钟,适用于客流高峰期。

(3) 使用热狗机进行加热后,售卖标准如下。

① 最佳的售卖状态为热狗肠色泽光亮、呈鲜红色,肠体有明显的烤热感和烤熟的肉香味。

② 在烘烤时间不足时,热狗肠表面的色泽呈暗色,颜色不够红润,无烤热感和烤熟的肉香味。

③ 如未能确定热狗肠是否熟透,而顾客急需,则必须用微波炉中挡加热0.5分钟后方可售卖。

5. 食品加热烹调

需要食品加热烹调的一般有便当、饭团等食品。

(1) 操作步骤如下。

① 将微波炉放在平整、通风的台面或搁架上,后侧、顶部和两侧与壁板的距离要求在10cm以上,远离其他电器,远离水源。

② 选择适用器皿。微波炉内不能用金属器皿,可使用陶瓷、耐热玻璃。

③ 将盛有食物的器皿放在玻璃转盘上,关好炉门。

④ 调到相应时间开始加热。

⑤ 加热期间在旁观察,防止过热起火。

⑥ 使用隔热手套从微波炉内拿出食物和器皿。

(2) 微波炉加热食物时的注意事项如下。

① 不可加热密封瓶罐装的食物,如玻璃瓶罐头。

② 不可用微波炉加热煎炸过的食物。

③ 不可加热带壳鸡蛋或带膜鸡蛋,以免引起爆炸。

④ 加热胶、纸制品或不耐热容器包装的快餐食物时,务必留意食物的烹调情况。最好选用微波炉专用加热器皿。

⑤ 在加热粥、饮料等液体食物时为避免溅溢,应该注意不要过分加热,注意控制火候。

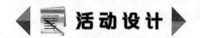 活动设计

一、活动名称

(1) 使用微波炉加热鱼罐头。

(2) 使用热狗机制作热狗。

二、活动条件

微波炉、鱼罐头、微波炉专用盘子、热狗机、勺子、竹签、食品夹、速冻热狗。

三、活动组织

(1) 2 人一组,进行食品销售的二次服务。

(2) 练习使用微波炉加热鱼罐头以及使用热狗机制作热狗的操作。

(3) 小组间互相展示交流,提出建议。

四、活动实施

(1) 使用微波炉加热鱼罐头。

序号	步 骤	操作说明	服务标准
1	撕掉鱼罐头外面的包装	把密封鱼罐头外面的铁质包装撕掉,将食物倒入微波炉专用盘子内,并用勺子略微搅拌	(1) 把鱼罐头中的内容物都剥离出来,不要有浪费 (2) 往盘子里倒的时候,注意不要出现溅溢的情况
2	将鱼放入微波炉内	把装鱼的盘子放进微波炉后,接通电源	(1) 将食物小心放入微波炉内,不要洒到微波炉内 (2) 顺利接通电源
3	选择合适的火候和时长	选择小火,定时 3～5 分钟	(1) 选择合适的火候和时间 (2) 防止加热时间过长影响食物风味
4	取出食品	加热好之后,戴上防烫手套把食物从炉内取出来,拔掉电源	(1) 取出加热好的食物时防止被烫 (2) 及时拔掉电源
5	开展活动总结,进行小组讨论	(1) 对活动的开展进行分析总结 (2) 提出活动中出现的问题并开展讨论	(1) 要求能够进行深入探讨,找出问题所在 (2) 每个小组对操作中产生的问题做出改进,具体可参照文中所讲内容

（2）使用热狗机制作热狗。

序号	步骤	操作说明	服务标准
1	洗手	在制作热狗前,要先用专用洗手液清洗手,保证个人卫生	手部无肉眼可见污染
2	解冻	从冷柜中取出热狗肠,放在微波炉中解冻1分钟,或利用室温解冻	把热狗肠充分解冻
3	调温	打开热狗机电源开关,将温度调节刻度调到刻度100℃	(1)准确接通电源 (2)调节到合适的温度
4	烘烤	将已解冻的热狗肠放在转轴上,选择合适的挡位,烘烤适当的时间,低挡需约50分钟,中挡需约30分钟,高挡需约20分钟	(1)将热狗准确放在转轴上 (2)烘烤时间根据所选挡位决定 (3)烤到最佳售卖状态
5	夹取	用食品夹将烤制完成的热狗肠从热狗机中取出	(1)不得夹破食品 (2)不得掉落、滴油

问题情景（一）

陕西南路有一家金虎便利店,小董是新来的便利店运营人员,在一次为顾客加热鱼罐头时,发生了汤汁外溢的现象,请问如何解决?

提示:将汤汁清洁干净后继续进行加热。

问题情景（二）

老刘在学校外自营了一家新零售便利店,到放学时间,同时来了50多位顾客需要购买65根热狗,请问如何处理?

提示:按销量批量烤熟热狗,如未能确定热狗肠是否完全熟,但顾客急需,可以用微波炉中挡加热0.5分钟。

五、学习结果评价

评价内容		评价标准	评价结果(是/否)
活动完成情况	活动一	能正确处理汤汁外溢并完成加热工作	
	活动二	能够准确计算并完成热狗加热工作	

课后任务

（1）请同学们根据本课所学,挑选一种海鲜在家进行粗加工,并将加工过程拍摄成照片或视频。

（2）请独立完成一次使用微波炉加热或烹制食品的操作。

2
第二部分

↗ 班 前 工 作

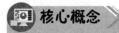

职业能力 2-1-1　能组织开晨会

核心·概念

晨会:门店在早晨组织运营团队开展的会议。

学习目标

1. 知识目标

• 能够描述开晨会的概念和目的。

• 能够说出开晨会的基本步骤。

2. 能力目标

• 能够按基本步骤和要点召开晨会。

• 能够组织召开晨会。

3. 素质目标

• 理解团队精神的重要性。

• 形成目标达成意识。

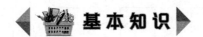基本知识

一、开晨会的目的

1. 形成统一的团队价值观

通过开展晨会,可以向员工传达公司相关文件、指示精神,向员工灌输企业的组织纪律、原则、理念、价值观和员工工作职责等,形成统一的团队观念。

2. 下达工作任务

开晨会时可以向员工下达当日的工作任务,确保其熟悉自己的工作任务,有利于员工之间的相互协作。

3. 激励员工斗志

通过晨会可以向员工传达积极的信息,对员工的进步进行表扬,以增强员工信心。

4. 解决前一日的问题

晨会中可将前一日工作中遇到的问题进行汇总,并提出解决措施。

5. 保持信息通畅

通过晨会可以进行团队成员之间的信息交流,及时向员工传达指示,并获得员工反馈的重要信息。

6. 促进员工相互学习

通过开展晨会,让员工之间分享经验,有利于员工之间相互借鉴学习,可以在一定程度上提高员工的工作能力和技能。

二、晨会的种类

晨会分为员工晨会和领班晨会,员工晨会又分为小晨会和大晨会。不同晨会的区别如表 2-1-1 所示。

表 2-1-1　不同晨会的区别

晨会种类		负责召开人员	参加人员	召开频率	会议内容
员工晨会	大晨会	门店经理或管理部门主任	全体员工	每周一次	激励员工斗志、提高员工技能
	小晨会	门店各组组长	全体员工	每天一次	解决前一日问题、下达工作任务
领班晨会		门店经理、管理部门主任或门店经理授权人	全体领事部人员	每天一次	强调各部门负责人注意事项、讨论门店运营策略

三、晨会基本步骤

召开晨会的基本步骤如图 2-1-1 所示。

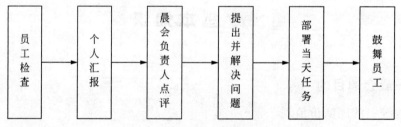

图 2-1-1　晨会基本步骤

1. 员工检查

员工检查包括员工出勤情况、仪容仪表是否端正、是否佩戴工牌等。

2. 个人汇报

个人汇报是员工依次汇报前一日工作完成情况,用一句话概括前一日工作任务和结果。对于已经完成的只需汇报已完成即可;对于尚未完成的,要根据情况对该任务的完成时限作出承诺。

3. 晨会负责人点评

在员工汇报完前一日工作情况后,晨会负责人进行点评。

4. 提出并解决问题

先由员工轮流提出前一日工作中遇到的问题,店长或组长负责记录问题。与门店规定有关的由店长回答;有研究意义的问题,首先由员工轮流提出意见或方法,店长或组长分别记录,并最终选择最可行的一种或几种方法告知员工。

5. 部署当天任务

向员工部署当天工作任务,并根据员工的任务说明注意事项。

6. 鼓舞员工

可以通过集体喊口号鼓舞士气,也可以通过唱歌、活动等方式激励员工。

四、开好晨会的要点

1. 注重晨会质量

晨会的组织者应当注意仪容仪表,佩戴好工作证,站姿挺拔,精神饱满,发言要有充分准备,简明扼要、观点鲜明;在布置完当天任务后,应进行有效监督。

晨会不能只停留在单向的沟通、工作安排上,应当从店铺运营战略的高度出发,结合实际对晨会的形式、内容等作出规划安排,要向员工宣传门店的价值理念以及门店的营销策略。

2. 保证晨会积极性

晨会参加者要求队列整齐,热情、认真地参加晨会,并尽力记忆晨会内容。晨会中应当注重表扬员工的业绩,鼓励员工分享成功经验。不能打击员工,使员工丧失积极性。

3. 注意团队协作

晨会可采用轮流组织形式,员工既要做听众,也要积极发言。门店员工和领导要在最大程度上进行沟通,相互学习、共同进步。

4. 注重解决问题

晨会组织者应提前 5～10 分钟迎接员工,并向员工问候。晨会时间不宜过长,尽量控制在 5～20 分钟,以解决问题为前提。

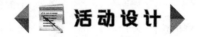

一、活动名称

召开晨会。

二、活动条件

开阔的室外或室内场地、便携式音响。

三、活动组织

(1) 8 人一组,其中一名组员担任店长的角色,负责组织本组完成晨会的开展。

（2）店长根据情景组织活动,规划晨会的目的、主要内容、时间地点安排等。

（3）组员轮流担任店长进行模拟,每组完成后教师及其他组同学对其进行点评纠错。

（4）在批评员工时注意语气与用词,注意维护团队的凝聚力。

四、活动实施

序号	步 骤	操 作 说 明	服 务 标 准
1	召开晨会者向员工问候	召开晨会者提前5分钟迎接员工	召开晨会者仪容仪表整洁,佩戴好工作证,站姿挺拔,精神饱满
2	集中员工	集中站立或按照一定的顺序落座	要求队列整齐,站姿挺拔,精神饱满,不得倚靠货架、窃窃私语等
3	员工检查	检查员工出勤、仪容仪表是否端正、是否佩戴工牌	队员到齐情况,仪容仪表规范整洁,佩戴好工作证
4	个人汇报	员工依次汇报前一日工作完成情况	用一句话对工作情况进行概括,即前一日工作任务和结果
5	点评	召集者对员工汇报完前一日的工作情况进行点评	（1）针对前一日工作完成进度、质量进行点评 （2）对其中出现的问题进行强调,表现出的优势则要进一步突出,同时,由召集者负责记录
6	提出问题	提出前一日工作中遇到的问题	轮流提出问题,由召集人负责记录问题和分类
7	解决问题	解决员工提出的问题	（1）对于与门店规定有关的由店长回答 （2）对于具有研究意义的问题,先采取员工轮流提出意见的方法进行探讨,由店长或组长选择最可行的一种或几种方法告知员工
8	部署当天任务	向员工部署当天工作任务	员工根据自己的能力提出个人承担的任务,店长进行调配,并根据员工的任务说明注意事项
9	鼓舞员工	进行思想教育,鼓励员工	讲话内容以激励员工为主

问题情景 一

某日用品新零售门店在最近一段时间突然出现销售量下滑,应如何组织一次晨会?

提示:按晨会基本步骤开展,晨会时间不宜过长,控制在5~20分钟。

问题情景 二

某新零售门店员工近期频繁出现迟到现象,在晨会上该如何解决此问题?

提示:讲话语句简短,注意讲话语调,讲话内容以激励员工为主。

五、学习结果评价

评价内容		评 价 标 准	评价结果(是/否)
活动完成情况	活动一	能根据会议内容采用合适的晨会类型 能按开晨会的步骤开展活动	
	活动二	能在晨会环节注意各要点 能合理解决问题	

课后任务

　　若你所在的某日用品门店要组建一个新的商品售卖区,需要通过开展晨会对这个商品售卖区的建设问题进行探讨。

　　(1)请根据所学内容,完成对此次晨会的安排。

　　(2)收集店内员工的建议并整理出来。

职业能力 2-1-2　会激励团队

核心·概念

　　激励团队:通过一定的方式,如开展活动等,达到增强团队凝聚力、提升员工积极性等效果。

学习目标

1. 知识目标

- 能够说出激励团队的概念。
- 能够描述激励团队需要遵循的原则。

2. 能力目标

- 能够完成团队激励活动。
- 能够分享团队激励的方法。

3. 素质目标

- 体会到增强团队合作意识的重要性。
- 认识到通过激励可以激发团队成员的潜力。

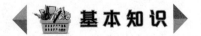

基 本 知 识

一、激励团队应遵循的原则

1. 实事求是

在对团队员工进行激励时,要充分考虑客观事实。

2. 公平公正

要根据团队员工投入的努力与取得的回报来确定激励团队的力度。

3. 因时而异

对运营团队的相关激励措施要根据重点工作任务的调整而进行一定程度的改变与调整。

4. 多功少过

在激励运营团队时,要对团队积极、优秀的一面多加赞赏,充分肯定团队中每一位员工做出的贡献。若一味地批评员工,则起不到激励的效果。

二、激励团队的方法

1. 个人激励法

个人激励法是根据员工个人对团队做出的贡献进行表扬,表扬关键时刻抓住机会,带领团队突破的员工有敢为人先、抉择果断的精神;表扬工作勤恳,默默付出的员工有奉献精神;表扬服从命令听指挥的员工有忠诚品质;认可成就多、资历高的员工,激励其他员工向其看齐。

2. 目标激励法

目标激励法是根据团队现状以及未来预期制定切合实际的目标,以此激励团队努力达到既定目标。目标有短期目标和长期目标,一个长期目标由若干个短期目标组成。在达成短期目标后,可以进行语言上的激励。在达成长期目标后,可以奖励员工薪水或假期。

在制定目标时,要注意以下方面。

(1)设定的目标要具体。具体的目标应有客观条件作为标准来衡量目标是否实现,能够起到不断激励员工的作用。

(2)为目标设定时限。防止团队在实现目标的过程中陷入拖延的状态,使团队的工作效率更高。

(3)为目标制订具体行动计划。制订具体行动计划能够使实现目标的过程有条不紊。

(4)分阶段执行目标。将最终目标根据不同阶段分解成不同的短期目标,并根据难易程度制定不同的时限,通过多次完成短期目标激励员工,直到实现最终目标。

(5)实现个人目标与团队目标的统一。团队目标的制定不能对员工的个人目标造成干扰和破坏,在制定团队目标时,要充分考虑到员工的个人目标,并根据员工的个人目标对团队目标进行调整。

3. 薪资激励法

薪资激励法是通过改善团队员工薪资条件,激励团队向更好的方向努力,包括调整日常工资、加班费用、员工福利、额外津贴、更加有弹性的工作时间等。但此方法不可频繁使用。

4. 竞争激励法

竞争激励法是对团队施加竞争压力,将压力转化为团队进步的动力,从而发挥出团队潜能。适当将其他门店设定为假想敌,可以激发团队员工的工作积极性。

5．情感激励法

情感激励法是对团队员工进行情感上的关心,通过与员工建立亲近、信赖的关系来激励团队。作为团队的领导尽量表现出平易近人的态度,在平时的晨会中多关心、体贴员工。

6．表扬激励法

表扬激励法是团队领导要善于观察团队员工的进步,发现员工身上的优点,在晨会上针对这些闪光点对员工表示及时、适度的赞赏。

7．游戏活动激励法

游戏活动激励法能增强团队凝聚力、活跃工作气氛、增强员工满意度和幸福感,常见游戏如"心灵相通",其规则如表 2-1-2 所示。在游戏结束后,可以通过简单的肢体互动、口号呐喊,进一步激励员工。

表 2-1-2 "心灵相通"游戏规则

游戏名称	心灵相通
目的	团队协作,发挥想象力
简介	员工轮流做动作,其他人猜测该员工动作表示的内容
人数	不限
场地	不限
道具	笔、纸
游戏方法	① 店长用笔将要猜测的内容写在纸上; ② 选派一名员工做动作; ③ 其他员工猜出答案后需要举手抢答,由店长点名回答

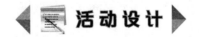

一、活动名称

激励团队。

二、活动条件

开阔的室外或室内场地、便携式音响。

三、活动组织

(1) 8 人一组,其中一名组员担任店长的角色,负责组织本组完成本次晨会的开展。

(2) 根据情景组织活动,注意运用合适的激励法鼓励团队。

(3) 展示活动,每组展示完成后,由其他组同学和教师进行点评和补充。

四、活动实施

序号	步　骤	操作说明	服务标准
1	规划晨会	(1) 由门店店长规划晨会目的 (2) 完善晨会形式、步骤、内容 (3) 安排晨会的时间和地点	(1) 晨会目的明确 (2) 晨会内容丰富,顺序简明
2	准备开会	(1) 做好开会前的场地、设备准备 (2) 微笑向员工问好 (3) 检查、登记参与晨会的人数 (4) 说明晨会主题	(1) 仪容仪表整洁规范,队列整齐,站姿挺拔,精神饱满 (2) 考勤准确 (3) 主题明确
3	激励团队	(1) 运用适当的激励方法来鼓励表现突出的员工和团队 (2) 运用适当的方法激励处于压力下的个人和团队	(1) 根据不同的目的和实际情况运用适当的激励方法 (2) 组织者控制好时长、氛围
4	活动分享	组织游戏活动,游戏结束后,组织队员一起分享游戏的意义	达到增强团队凝聚力、员工满意度、幸福感、活跃工作气氛的目的

问题情景（一）

你所在的一家新零售服装门店遇到了业绩持续下滑的情况,部分员工福利只能延迟发放,作为一位晨会组织者,你如何运用目标激励法组织一次晨会?

提示:目标激励法需要注意目标的合理性、明确性,设定目标一定要具体化,并设定时限,要为目标制订具体行动计划,可分阶段执行目标。

问题情景（二）

如果你在小区内开设了一家新零售餐饮门店,同时在线上开展了外送业务。新店开张,为了鼓舞激励团队,你将如何策划一次团队游戏活动。

提示:如果采用游戏活动激励法,要选择合适的游戏,而且目的不在于玩,而在于分享。

五、学习结果评价

评价内容		评价标准	评价结果(是/否)
活动完成情况	活动一	能正确使用目标激励法激励员工	
	活动二	能正确使用游戏活动激励法激励员工	

课后任务

(1) 搜集大型新零售企业在晨会中激励员工的优秀案例,例如盒马鲜生,并与所讲内容进行对照,分析企业的实际做法,深入理解所讲内容。

(2) 团队开展活跃气氛小游戏创作比赛,每人轮流表演一个自己创作的小游戏,以坚持到最后者为胜。

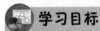工作任务 2-2 **门店销售准备**

职业能力 2-2-1 能填写商品记录表和清点、交接门店商品

核心·概念

清点门店商品：为了完成工作交接对商品的数量进行清点，对商品的质量进行检查。

商品交接：每日门店营业之前，前一天负责清点门店商品的员工与当日负责清点门店商品的员工进行的商品账目和实物交接。

学习目标

1. 知识目标

• 能够解释商品清点和交接的目的。
• 能够概述商品清点和交接的要求。

2. 能力目标

• 能够制作并填写商品交接记录表。
• 能够清点、交接门店商品。

3. 素质目标

• 养成细心的行为习惯。
• 增强责任心和门店管理意识。

 **基本知识**

一、清点门店商品目的

清点门店商品的目的是保证门店交接班的正常进行，主要体现为以下几点。

(1) 让接班人员了解商品的存放位置以及数量等情况。

(2) 让交接班人员理解商品的管理责任。

(3) 及时发现并清除滞销商品、临近过期商品。

(4) 加强商品管理，防止商品被盗、丢失、破损。

二、清点工作对交接班人员的要求

(1) 每份清点记录必须有交接班人员双方的签名。

(2) 在填写记录时，应核对商品的名称、数量等，以确保无误。

(3) 接班人员应检查区域内的商品是否得到完整的清点。

（4）清点时应特别注意破损、变质、过期、无商标的商品，并提醒接班人员及时做出处理。

三、清点门店商品的具体做法

（1）准备交班的员工在每日门店打烊时对商品数量、种类、品质等进行清点，并记录在商品交接记录表上。

（2）第二天负责接班的员工清点前一日的商品，对前一日的记录进行核对，在核对准确无误之后签字确认。每日重复以上步骤。

（3）经营贵重物品的柜台必须在每班交接时都进行商品清点，而不是当日营业结束后再清点。

四、商品交接的目的

商品交接的目的主要是保证门店商品售前、售中、售后数量与实际经营过程中的数量一致，防止出现商品库存无故缺失等情况，防止员工谎报、隐瞒商品销售数量，厘清管理责任。

五、商品交接的要求

（1）交班人员在进行交接前，需认真记录门店商品数量情况，并在记录上签名后方可离开。

（2）负责商品接班的员工应提前 10 分钟到达门店清点商品，核对商品交接记录，根据公司交班工作的规定进行接班工作。

（3）贵重物品或公司另有规定必须当面交接的物品，交接班者应按规定将商品逐件交接清楚。接班人未到，交班人不得离开岗位，交接完毕，岗位的全部工作由接班人员负责。

（4）商品交接的内容一律以记录为准，双方按交接时间点的前后分别对商品承担管理责任。如双方都没有按时履行交接手续，那么出现商品问题则由交接双方共同负责。

六、商品交接记录表

商品交接时应记录商品名称、数量、日期、负责人、核对人等信息，如表 2-2-1 所示。

表 2-2-1　商品交接记录表

商品交接记录表								
日期	××××年××月××日				××××年××月××日			
负责人								
核对人								
商品名称	售前数量	销售数量	售后数量	损毁数量	售前数量	销售数量	售后数量	损毁数量

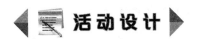

一、活动名称

商品清点与交接。

二、活动条件

货架、商品、记录本、计算器、笔、A4 纸。

三、活动组织

(1) 3 人一组,一人负责全面记录,一人扮演交班员,一人扮演接班员。
(2) 开展每日商品的清点,填写商品交接记录表,并与接班人员进行交接。
(3) 活动中应注意提醒易碎商品轻拿轻放。

四、活动实施

序号	步 骤	操 作 说 明	服 务 标 准
1	绘制商品交接记录表	表格要有售前数量、销售数量、售后数量和损毁数量及日期等栏目	绘制的表格项目完整,清晰整洁,留空合理
2	清点商品	准备交班的员工在下班前对商品数量、种类、品质等进行清点	准确清点商品数量,并对有问题的商品进行记录
3	填写商品交接表	交班者分别填写商品的售前数量、销售数量、售后数量和损毁数量等内容并签字	填写准确无误,并对表中记录的数据进行简单检查
4	核对商品	负责接班的员工清点前一班的商品,并对记录进行核对	清点商品无差错,核对记录无疏漏
5	进行交接	贵重物品或公司规定当面交接的商品,双方检查无误后交接所负责的商品	交接双方检查准确无误
6	交接表签字	接班人检查交接表无误后签字确认	检查无错漏,签字清晰工整

问题情景 一

某服装店每天都要进行商品交接班工作,你在准备交班前清点商品,发现疑似少了一双袜子,你该怎样处理?

提示:再次认真清点商品,如确实找不到,先填写到交接记录表上,进行正常交接班,等候后期处理。

问题情景 二

某黄金首饰店规定每次交接班都要当面进行商品清点,今天是你当班,如何进行交接班工作?

　　提示:按照商品清点及交接班工作规范进行。

五、学习结果评价

评价内容		评 价 标 准	评价结果(是/否)
活动完成情况	活动一	能制作并填写商品交接记录表 能处理商品短缺情况 能完成商品交接班	
	活动二	能制作并填写商品交接记录表 能完成商品的当面交接班工作	

课后任务

　　(1)模拟一家品牌运动装备店的日常商品清点和交接工作,分小组根据设定情景开展每日商品清点工作,清点完成后与另一组进行交接,找出清点与交接时存在的问题并讨论解决。

　　(2)与同桌互为对手进行比赛,分别解释商品清点和交接的目的,并说出商品清点和交接的要求。

职业能力 2-2-2　能按要求完成商品陈列

核心·概念

　　店铺动线:顾客的流动路线。顾客会受店面布局、产品展示等因素的影响,在店内形成基本稳定的行走轨迹。

　　商品陈列:销售者按其经营思路及要求,借助一定的道具,运用一定的艺术方法和技巧,对产品进行有规律的摆设、展示,以吸引顾客购买。

学习目标

1. 知识目标
• 能够描述商品陈列需要遵循的原则。
• 能够概述商品陈列的技巧。

2. 能力目标
• 能够按要求绘制店铺动线图。
• 能够独立完成商品陈列。

3. 素质目标
• 养成良好的商品陈列艺术欣赏习惯。
• 提高对商品陈列规范性的认识,提高工作效率。

基本知识

一、店铺动线设计

1. 店铺动线设计的作用

店铺动线设计是商品陈列的基础。好的店铺动线设计能够通过一定的技巧,给顾客设计特定的购物线路,使其在购物的过程中走最少的路,看最多的商品,在减少顾客体力消耗的同时给顾客一种畅快感,提高顾客的购物兴致。

2. 店铺动线设计的技巧

(1)遵循右行习惯。大部分人习惯靠右边行走,进店后往往会从右边按逆时针方向流动,因此,应把店铺的主要动线设计为右行,且减少拐角,使线路尽可能流畅,除出入口外,一般设计为一个流动的闭环。进店右边的第一组货架会有最多人看到,因此是需要推广新品的最优陈列位置。

(2)趋光性。人们在浏览商品时具有趋光性,店铺动线上的灯光一定要明亮,或者动线设计时应该考虑自然光线比较好的区域与位置。同时,在设计时,角落里的灯光要比其他位置的平均亮度高2倍,从而"诱客深入"——利用死角,做到"死角不死"。

(3)舒适性。购物是一项消遣活动,顾客的购买欲望直接受购物路线的顺畅程度、舒适程度影响。动线设计要让顾客走两点之间的直线或近似直线,而且路面宽窄应能容两人并肩前行,1.5~1.8m,太宽浪费空间,给顾客造成距离感,太窄则会使顾客感到拥挤,影响购买兴趣。

(4)趋色性。色彩运用在提高店铺客流量方面也有着一定的作用。动线设计应合理应用鲜明的颜色,如黄色、红色等吸引顾客,令其不断前行。

(5)利用猎奇心理。商家可以通过利用消费者的猎奇心理,在店铺动线不同区域的显要位置设计个性、新奇的陈列品,吸引顾客驻足,而顾客的聚集往往又会吸引更多的人围观。

二、商品陈列

1. 商品陈列的作用

合理的商品陈列可以起到展示商品、刺激销售、方便购买、节约空间、美化购物环境等重要作用。

2. 商品陈列的原则

(1)沿动线陈列的原则,要点如下。

① 在门店的入口处,要设置标识,陈列购买率极高的商品,使顾客在店外就能清楚看到店内商品,并且受到吸引,入店购买商品。

② 不同区域的显要位置必须陈列畅销的产品。

③ 有关联性的货品必须组合陈列,便于连带销售。

④ 店铺动线设计必须使每个步道、区域上都有一些特色商品可以吸引顾客。

⑤ 主要动线上或是靠近主要动线的地方,必须配置容易使顾客产生购买冲动的商品,包含收银区,但单价不宜过高。

(2) 直观陈列原则。达成销售的首要条件是让消费者看见商品并产生购买欲望。因此商品的展示面积要大而醒目,可以利用色彩搭配吸引消费者的眼球,利用灯光营造氛围,让消费者看清楚店内的商品,利用标签、海报等引导消费者的视线,使用多种手法激发顾客的消费欲望。

(3) 垂直集中陈列原则。人们的视觉习惯一般是从上到下、从左到右,商品陈列也应遵循这一习惯,垂直集中陈列,如图 2-2-1 所示。垂直集中陈列整齐、美观,给人以生动的陈列场景,可以有效吸引消费者的视线。

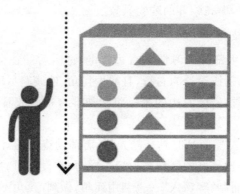

图 2-2-1　商品垂直集中陈列

垂直陈列应注意商品从上到下的顺序,注意层次感,按系列、规格、颜色等分层陈列。尽可能把所有规格的商品都集中展示出来,并注意将产品正面面对顾客。

(4) 最大化陈列原则。丰满的商品陈列既能给人视觉冲击力,引起顾客的注意与兴趣,又能最大化利用陈列空间,尽可能增加货品数量,如图 2-2-2 所示。

图 2-2-2　商品最大化陈列

最大化陈列原则并不是简单堆砌,而是通过科学陈列来达到聚焦效果。聚焦单品,然后通过陈列进一步突出重点,给顾客以视觉冲击力。单品陈列一定要层次分明,让顾客一目了然,数量越多,陈列效果越好。

(5)全品类陈列原则。在种类丰富的精品店,可以将店内的同类商品尽可能陈列在一个货架上,如图 2-2-3 所示。

图 2-2-3 商品全品类陈列

按照品类全部陈列,既有丰富感,又能方便顾客挑选,为顾客节省购买时间。丰富的陈列品还可以让顾客有更多的挑选方向,带动消费,提高成交量。在布置时,要注意饱满度和可见度相宜。

(6)上轻下重原则。考虑人们的审美习惯以及安全性、便利性,一般会将重的、大的、不方便拿取的商品放在货架下面,小的、轻的、美的商品摆在货架上面。比如毛绒玩具一般放在货架上面,重量轻,掉落时也不会砸伤顾客,相对安全。

(7)先进先出原则。将先出厂的产品摆放在最外一层,依次由外向内摆放。这样可以避免产品滞留过期。休闲食品、美妆护肤品等保质期短,受保质期影响大,因此先进先出原则更适用于此类产品,这样可以减少因产品过期而带来的损失,从而提高店铺的利润空间。

(8)三角形构图原则。很多的商品的陈列都会用到三角形构图,这是在一个假设的三角形的框架内,将商品和装饰品一起做成组合陈列的手法,如图 2-2-4 所示。此陈列方式能让人产生一种安定的感觉,视线也比较容易集中。在展示桌、壁柜、橱柜、商品柜等处都可以采用这种陈列方式。

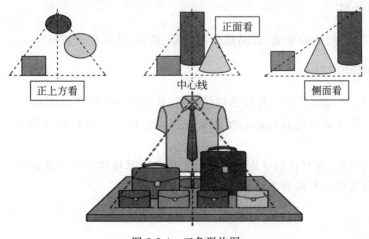

图 2-2-4 三角形构图

三、商品陈列的技巧

商品陈列的技巧如下。

（1）左右结合，吸引顾客。

（2）相对固定，定期变动。

（3）售货区与交款台之间拉开距离。

（4）商品的陈列要保持与顾客"面对面"，使顾客能看清楚产品正面。

（5）商品的正面要全部面向步道一侧。

（6）尽量不要让顾客看到货架隔板和货架后面的挡板。

（7）商品陈列间的距离一般为 2～3mm。

（8）所陈列的商品要保证摆放正确，并配置相应的宣传板、POP 广告等。

四、商品补充

在货架上陈列好的商品由于销售等因素会减少，这就要求店员在接班时对货架商品进行补充，程序如下。

（1）查看商品原有销售记录。

（2）查看货架商品现状。

（3）到库房或商品备用存放点取回商品。

（4）按照先进先出的原则将商品陈列到货架。

（5）清洁货架及周边区域。

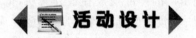 活动设计

一、活动名称

设计店铺动线并陈列商品。

二、活动条件

商品销售实训室、活动货架、商品陈列展示架、商品、计算机、投影仪。

三、活动组织

（1）3～5 人为一组，其中一名组员担任组长，负责组织本组活动实施。

（2）根据模拟店铺及现有商品的实际情况组织团队成员进行动线设计，并按店铺动线合理陈列商品。

（3）每组完成后，向其他同学展示所完成的内容。其他组同学对其进行点评和补充。

（4）注意商品搬运和陈列安全。

四、活动实施

序号	步骤	操作说明	服务标准
1	绘制店铺动线图	根据资料及现有设备、商品情况设计出店铺动线图,包括货架摆放位置、通道宽度、收银台位置	(1)动线设计符合右行习惯、趋光性、便利性,利用顾客猎奇心理、趋色性原则 (2)线条清晰,构图合理,标注明确 (3)商品分区、陈列位置合理
2	分析商品的陈列信息	查看供陈列的商品的品种、数量、样式等信息	分工明确,查看清楚,记录准确清晰
3	绘制商品陈列图	在店铺动线图的基础上,绘制出各类商品摆放区域,并适当注明陈列要求	(1)商品分区合理、陈列位置准确,陈列要求标注清晰 (2)图示清晰
4	摆放货架	根据动线设计图摆放货架、陈列柜、功能柜等	(1)摆放迅速、位置准确 (2)不损坏设备
5	陈列商品	(1)根据陈列目的、现有设备和商品分区域陈列商品 (2)根据商品销售状况对减少的商品进行补货	(1)陈列时应遵守沿动线、直观、垂直集中、最大化、全品类、上轻下重、先进先出、三角形构图等相关原则和技巧 (2)陈列商品时动作迅速,不损坏商品和设备
6	讨论分享	各组通过观看他人的操作,分析其动线设计及商品陈列情况,给出评价	(1)能认真观察,准确分析 (2)能合理评价,清晰表述 (3)能接受指导,调整改进

问题情景 一

炎热的夏天马上就要来了,一家小型便利店即将开店营业,店长组织店员进行店铺动线设计及商品陈列,请问如何完成此项工作?

提示:遵守动线设计的原则和商品陈列的方法技巧,灵活运用便利店商品陈列方法。

问题情景 二

春节将近,一家服装店即将开门营业,为了更好地吸引顾客,扩大销售,店长带领店员正在进行店铺动线设计和商品陈列,请问如何完成此项工作?

提示:遵守动线设计的原则和商品陈列的方法技巧,灵活运用服装店商品陈列方法,注重方便消费者的购物体验。

五、学习结果评价

评价内容		评价标准	评价结果(是/否)
活动完成情况	活动一	能掌握店铺动线设计的原则 能按便利店商品陈列要求完成陈列	
	活动二	能掌握店铺动线设计的原则 能按服装店商品陈列要求完成陈列	

课后任务

（1）不同类型新零售门店的商品陈列方式往往有很大差异，请搜集整理运动鞋和时装类新零售门店商品陈列的案例，并整理出陈列的要点，对比两类商品陈列的不同。

（2）调研一家门店，并绘制出它的顾客动线图，结合该门店实际情况描述商品陈列需遵循的原则和商品陈列的技巧。

职业能力 2-2-3 　能检查门店设施设备和服务环境

核心概念

门店设备：陈列在门店的各类设备，如监控装置、收银设备、冷柜、计算机、空调、货架、办公台、精品柜台等。

学习目标

1. 知识目标
- 能够说出门店服务设备的检查要求。
- 能够复述门店设备检查标准。

2. 能力目标
- 能够配合完成门店服务环境检查。
- 能够配合完成门店设施设备检查。

3. 素质目标
- 提高设备使用安全意识。
- 培养维护良好工作环境的意识。

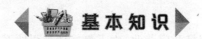

基 本 知 识

一、巡检门店服务设备检查要求

（1）对发现的问题应做好记录，在不影响正常营业的情况下及时整改。

（2）根据检查情况给门店打分，填写门店现场服务设备检查表，特别要注意记录设备的安全运行情况，要求负责人签字确认，作为门店整改及考核依据。

（3）定期将检查结果向相关负责人反馈。

（4）每日按要求进行巡检，在值班日志中将问题汇总并分析，书面记录要求按时间存放备查。对屡次发生问题的项目及工作人员要有培训及考核记录。

（5）对门店的服务亮点、存在问题、上次检查问题的整改结果留存依据。

二、现场服务设备检查标准

1.收银台

（1）台面保持干净、整洁，不得摆放与工作无关的物品。如图 2-2-5 所示为某咖啡店的收银台。

图 2-2-5　收银台

（2）购物袋摆放位置统一、整洁。

（3）地面干净，无污渍、纸屑等。

（4）垃圾桶内及时清倒，不得溢满，桶内壁、外壁保持无污迹。

2.自助收银机

（1）门店收银机放置在平坦且整洁的地方，台面不能有晃动，如图 2-2-6 所示。

图 2-2-6　自助收银机

（2）收银机摆放位置不应受强光照射，附近不应有液体。

（3）收银机摆放位置附近不应有较强的磁场存在，否则会出现电压不稳的情况。

（4）收银机电源连接正常，运转正常。

3.收款机

（1）收款机不应暴露在强光下，所处环境不应过度炎热或潮湿，附近不应有较强磁场。

（2）使用前充电 12 小时，保证机器续航时间，且运转正常。

（3）收款机存钱柜内钱币摆放整齐，不应存放有大量硬币。

4.存包柜

（1）存包柜表面及四周保持干净、整洁。

（2）存包柜附近地面无纸屑、垃圾等。

5.智能货架

（1）触摸屏清晰、无污物，内容显示简洁明了，易于顾客理解使用。

（2）计算机连接正常，可以准确无误地运转。

（3）FRID（射频识别系统，是一种非接触式的自动识别系统）性能稳定，抗干扰能力强，感应灵敏。

（4）货架天线能够快速准确地读取标签。

三、门店服务环境检查标准

不同类型的新零售门店对服务环境的要求的侧重点有所不同，服装门店环境应陈列有序，如图 2-2 7 所示，大型新零售商场应注意过道畅通无杂物，如图 2-2-8 所示。

图 2-2-7　服装门店环境　　　　　　图 2-2-8　商场环境

1.营业区域

总的来说，新零售门店环境应注意以下几点。

（1）地面保持干燥、洁净，无明显污渍、脚印等。

（2）货架表面无灰尘，底部无纸屑、垃圾，货架的螺丝接口无松动。

（3）货架物品摆放整齐，手摸无灰尘；柜台无污渍，无放置个人物品。

（4）购物车干净、无污渍，车轮、螺丝无松动，购物筐无尘土，把手能正常使用。

（5）生鲜区台面、玻璃、道具干净整洁。

（6）墙壁四周广告画干净、整洁、无破损。

（7）吊旗、吊画、装饰物悬挂整齐，不得出现破损、污迹、开胶、褶皱等。

（8）营业现场过道无杂物，保持畅通。

（9）店内垃圾桶干净整洁，不得有异味，垃圾不得溢出。

（10）电梯运行正常，提示牌放置醒目，紧急按钮操控灵活。

（11）消防器材无尘土、无垃圾，灭火器、消防栓、防火门禁止摆放物品，防火卷帘门下不得堆放货品。

（12）防火门、管井门表面无尘土，无乱贴涂抹现象，无涂料等污渍。

2. 餐饮区域

（1）服务人员着装整洁，必须戴口罩，不得披头散发，个人卫生达标。

（2）从业人员必须佩戴健康证。

（3）备餐区四周环境（地面、墙面、窗台、玻璃等）定期清洁，时刻保持干净。

（4）柜面及台面周边做到手摸无灰尘、无碎屑、无油渍。

（5）烟机、灶具表面要求无油渍，表面洁净、光亮。

（6）备餐前彻底清洗炒锅、炒勺、菜板、抹布等用品。

（7）餐具无油渍、污迹、水迹，使用后及时收回，认真清洗消毒。

（8）不随意丢弃厨余垃圾，垃圾桶及时清理，更换垃圾袋。

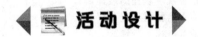

一、活动名称

检查门店设施设备和服务环境。

二、活动条件

商品销售实训室、检查表、白板、大白纸。

三、活动组织

（1）2人一组，完成门店巡检。

（2）将检查内容列举并整理出来。

（3）每组完成后向其他同学展示，其他组同学对其进行点评。

（4）注意设施设备的用电安全。

四、活动实施

序号	步骤	操作说明	服务标准
1	检查收银台	（1）检查收银台桌面及周围环境 （2）检查购物袋堆放情况	（1）收银台桌面干净、整齐，无不相关物品；地面干净，无污渍、纸屑等 （2）购物袋摆放位置统一、整洁

续表

序号	步骤	操作说明	服务标准
2	检查自助收银机	(1) 检查自助收银机桌面 (2) 检查自助收银机所处环境 (3) 检查自助收银机电源连接以及运转情况	(1) 桌面平稳干净、无杂物 (2) 不被阳光直射且附近无液体 (3) 电源连接及运转均正常
3	检查收款机	(1) 检查收款机放置的位置 (2) 检查收款机所处环境 (3) 检查收款机电源连接情况 (4) 检查收款机运转情况	(1) 收款机放置平稳 (2) 收款机周边无杂物、纸屑 (3) 电源连接正常 (4) 可以正常运作
4	检查智能货架	(1) 检查触摸屏 (2) 检查计算机 (3) 检查 FRID (4) 检查货架天线	(1) 触摸屏清晰、无污物 (2) 计算机连接正常 (3) FRID 性能稳定,抗干扰能力强,感应灵敏 (4) 货架天线能够快速准确地读取标签
5	检查门店环境	(1) 检查门店卫生 (2) 检查货架物品摆放情况 (3) 检查购物车及购物筐 (4) 检查现场悬挂的装饰物 (5) 检查消防器材配备情况 (6) 检查电梯运行情况	(1) 地面、现场过道干燥、洁净 (2) 货架物品摆放整洁,柜台干净 (3) 购物车干净,购物筐把手能正常使用 (4) 装饰物、吊旗、吊画无破损 (5) 消防器材使用正常,干净整齐 (6) 电梯运行正常,提示清晰
6	检查餐饮区域	(1) 检查工作人员着装情况 (2) 检查备餐区环境	(1) 工作人员着装整洁,戴口罩,符合卫生要求标准 (2) 备餐区干净整洁,食物分区存放

问题情景（一）

　　新北街有一家超市,每天都要对现场设施设备和服务环境进行检查,如果你是检查人员,会着重检查哪些方面? 若超市安装的三台自助收银机,午间销售高峰期时,自助收银机旁边常常散落顾客打印的消费凭证,影响了店内整洁的环境,你该如何处理?

　　提示:需要检查收银台、自助收银机、收款机、门店环境、存包柜、餐饮区域等。重点关注自助收银机卫生,在收银机边上安装收纳筐,回收顾客打印的凭证。

问题情景（二）

　　星辉新零售门店在例行检查设施设备和现场服务环境中发现有一处智能货架显示错误,请问如何处理?

　　提示:按照检查程序完成检查,对出现状况的设备进行记录并通知维修人员。

五、学习结果评价

评价内容		评 价 标 准	评价结果(是/否)
活动完成情况	活动一	能够简述门店设施设备的检查内容 能够完成所有检查流程 能够确保自助收银机周边环境整洁干净	
	活动二	能够概述门店服务环境的检查内容 能够完成所有检查流程 能够正确处理设备故障	

课后任务

　　某新零售便利店计划对整个门店进行整改,以期能够显著改善店铺形象,整改结束之后,门店经理要对店铺设施设备和服务环境进行检查。

　　(1)如果你是门店经理,请整理出一份检查标准。

　　(2)请你带领团队成员按标准进行一次模拟检查。

职业能力 2-3-1　能实现线上门店的商品上架

 核心·概念

商品上架:商品上架到线上店铺页面,面向消费者出售。

学习目标

1. 知识目标
- 能够说出商品上架的含义。
- 能够简述商品上架的基本内容。

2. 能力目标
- 能够独立完成商品的上架操作。
- 能够举一反三地运用商品上架技巧。

3. 素质目标
- 树立标准化意识,提高工作效率。
- 养成同等对待线上、线下商品的工作习惯。

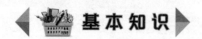

基 本 知 识

一、商品上架基本内容

1. 上架时间

确定合适的上架时间有助于商品,尤其是新品,在上架时避开平台同类商品上架的高峰期,减少竞争。为了使目标顾客有机会看到商品上架的信息,需要根据不同商品目标顾客的购买习惯,分析商品在不同时间发布的浏览量,确定商品的最佳上架时间。

2. 上架商品数量

上架商品数量是指在同一时间店铺商品上架的总数量。对于一般的门店而言,新品数量较为有限。若在同一时刻集中上架的商品种类过多,会导致接下来的一段时间新品种类缺乏,门店上新速度慢,口碑下滑。

3. 上架商品价格

上架商品的价格除了做活动需修改为促销价格,其余时间内价格尽量避免频繁变动或多次更改。在确定上架商品价格之前,可以先对市场进行调查,在常用的线上平台,一般都会标有某种商品不同价格段的购买人数以及占比,可以将此数据作为参考,但不能把这个数据作为决定因素,还要根据商品的品质以及目标顾客进行确定。准确定价不仅会给店铺带来可观的利润,还会提升门店的口碑。

4. 上架商品属性

上架商品属性一般包括品牌、分类、规格、价格等,服装类商品还包括材质、风格、适用性别及年龄等。上架商品的属性信息描述越完整,对顾客的锁定也就越精确,越容易吸引目标顾客。如图 2-3-1 和图 2-3-2 所示是完善某饮料类商品基本信息和规格、库存的界面。

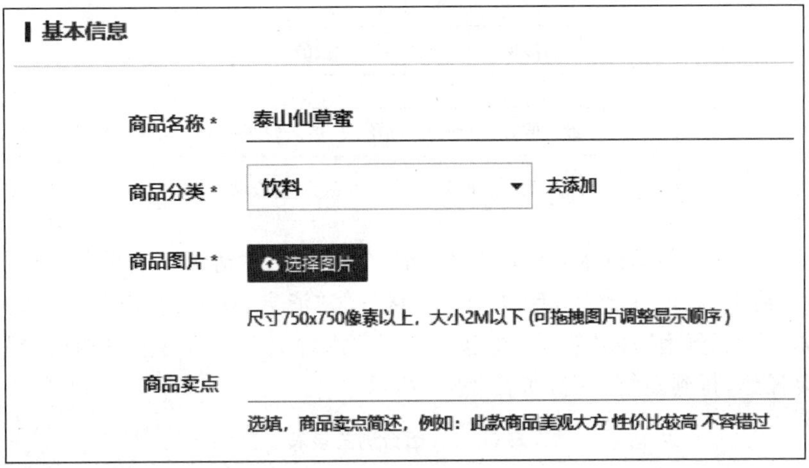

基本信息

商品名称 *	泰山仙草蜜
商品分类 *	饮料 ▼ 去添加
商品图片 *	⬆ 选择图片
	尺寸750x750像素以上, 大小2M以下 (可拖拽图片调整显示顺序)
商品卖点	
	选填, 商品卖点简述, 例如: 此款商品美观大方 性价比较高 不容错过

图 2-3-1　完善基本信息

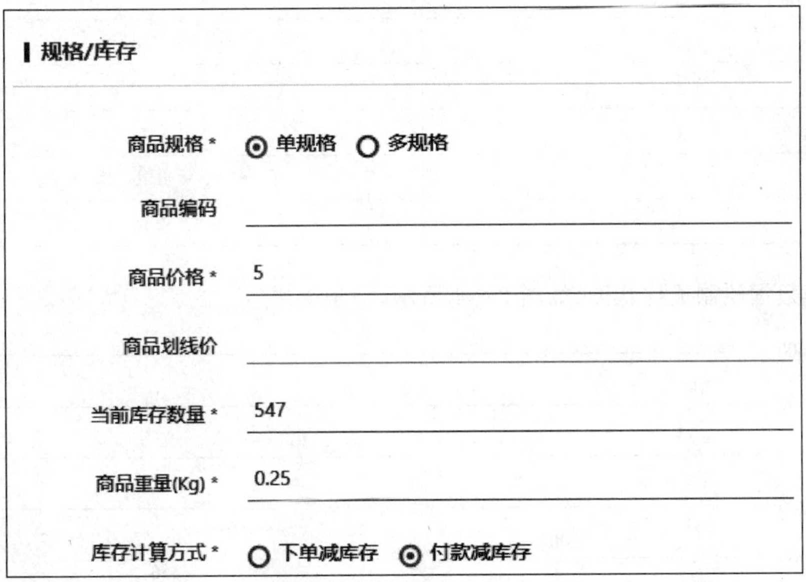

规格/库存

商品规格 *	⊙ 单规格　○ 多规格
商品编码	
商品价格 *	5
商品划线价	
当前库存数量 *	547
商品重量(Kg) *	0.25
库存计算方式 *	○ 下单减库存　⊙ 付款减库存

图 2-3-2　完善规格、库存信息

5. 上架商品的标题

上架商品的标题在很大程度上决定了商品的浏览量。上架商品的标题一般由不同的关键词组成,其形成步骤如图 2-3-3 所示。

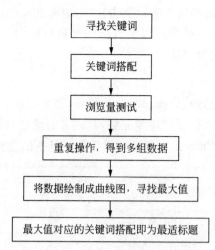

图 2-3-3　上架商品标题的形成步骤

例如,要上架一种新品汽水,首先寻找关键词为"气泡""清爽""欢乐",将关键词搭配可得到①"气泡、清爽、欢乐";②"气泡、欢乐、清爽";③"清爽、欢乐、气泡";④"清爽、气泡、欢乐";⑤"欢乐、清爽、气泡";⑥"欢乐、气泡、清爽"共六种组合。对这六种组合分别进行浏览量测试,重复操作,得到多组数据,如表 2-3-1 所示。

表 2-3-1　组合浏览量表

组 合 编 号	浏览量/次
①	500
②	200
③	350
④	400
⑤	156
⑥	238

将所得数据绘制成柱状图,如图 2-3-4 所示。

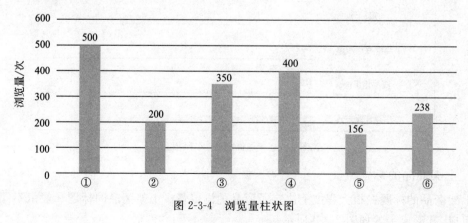

图 2-3-4　浏览量柱状图

由曲线图可知,组合①浏览量最大,故关键词"气泡、清爽、欢乐"为最适标题。

6. 上架商品的配送服务

在确定上架商品的配送服务时,要结合商品种类、目标顾客距离、运费结算方式等进行综合判断。例如,对于生鲜类食品的配送,要选择物流速度快的运送方式;对于某些滞销商品,可以在上架时写明购买额度达到一定值时享受包邮,通过包邮吸引顾客购买。

二、商品上架技巧

1. 利用节假日上架

根据不同节假日的寓意上架与之相关的商品,如表 2-3-2 所示。

表 2-3-2　节假日上架商品对照表

节假日	适合上架的商品
元旦	手套、帽子、清扫用具、饰品等
情人节	饰品、手表、情侣手机壳等
母亲节	鲜花、饰品、护肤礼盒等
春节	清扫用具、各类食品、小型电器等

2. 门店标识独特鲜明

门店标识包括门店商标、门店线上页面个性化设置、上架商品的展示图设计等。在上架某款商品时,要注意将门店的这些标识一同展示,以增强顾客对门店的印象。对于促销商品,可以在上架时标记"促销"字样,对于可以包邮的商品,标记"包邮"字样,以吸引顾客,为门店增加流量。

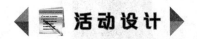 活动设计

一、活动名称

线上门店商品上架。

二、活动条件

PPT、投影仪、计算机、线上平台。

三、活动组织

(1) 5 人为一个小组。每轮活动轮流选一人当店长。

(2) 店长负责组织活动,并提出主要议题:商品上架的基本内容以及上架的技巧。

(3) 各小组参照所学内容,对主要议题需要解决的内容进行设计规划,并通过 PPT 放映的形式进行讲解。

(4) 各小组按照规划在门店线上平台上架商品,并对上架商品在一周内的浏览量进行

统计。

（5）每一轮活动结束后，开展活动总结，进行小组讨论。

（6）活动时注意商品信息的填写是否准确。

四、活动实施

序号	步 骤	操 作 说 明	服务标准
1	组建团队	每5人为一组，选择一人当店长，其余人员分为商品信息员、商品上架员、信息记录员、汇报员	分工合理，职责明确
2	组织讨论	店长组织讨论情景所假设的商品内容和商家步骤	讨论认真，结果清晰
3	添加商品基本信息	（1）登录某新零售门店线上平台的后台，单击左侧菜单栏中的商品列表，在弹出的页面中单击右上角的"＋新增" （2）以某品牌饮料为例，在弹出的页面中依次在基本信息中填写商品名称为"娃哈哈冰红茶"，商品分类选择"饮料"，进行商品图片选择。上传图片需要单击右上角的"上传"，然后选择需要上传的图片，导入此图片，最后单击此图片并单击确定。其中，商品图片尺寸750×750像素以上，大小2M以下 （3）添加商品卖点。商品卖点要求尽量精简，例如"清爽可口，夏日必备"	能正确填写商品名称，正确添加商品分类，商品图片选择符合规定，能够体现出精简的商品卖点

序号	步 骤	操 作 说 明	服务标准
4	填写商品规格/库存	（1）选择商品规格，售卖时以瓶为计量单位，故选择"单规格" （2）录入商品编码 （3）商品划线价是商品的参考价，该价格可能是品牌专柜标价、商品吊牌价或由品牌供应商提供的正品零售价等。例如娃哈哈冰红茶的划线价为3.5元/瓶。商品价格是指实际出售时的价格，这里定为2.5元/瓶。当前库存数量需要对商品进行清点后记录。商品重量需要以所选规格为单位进行商品称重后填写，例如一瓶娃哈哈冰红茶（500ml）重量约为0.6kg。库存计算方式选择"付款减库存"，便于真实记录库存信息 ▌规格/库存 商品规格 *　◉ 单规格　◯ 多规格 商品编码　　DERYH54738964 商品价格 *　2.5 商品划线价　3.5 当前库存数量 *　100 商品重量(Kg) *　0.6 库存计算方式 *　◯ 下单减库存　◉ 付款减库存	能正确填写商品规格、商品编码、商品价格、商品划线价、当前库存数量、商品重量、库存计算方式
5	填写商品详情	首先对商品进行大体介绍，包括商品产地、包装、保质期、使用方法等，再对商品的特点进行叙述，必要时可添加图片 商品详情 *　HTML　↩ ↪　B I U ABC X² X₂ A ▾ ⚡ ▾ 🧽 ≣ ≣ ⓐ 🖼 p ▾ sans- ▾ 字号 ▾ ≣ ≣ ≣ ▤ ▬ — 品牌：娃哈哈 品名：冰红茶 净含量：500ml 产地：以实物标签为准 包装：塑料瓶装 保质期：12个月 使用方法：开罐即饮 配料：水、速溶红茶、白砂糖、食品添加剂	能正确填写商品详情
6	填写其他设置	（1）选择运费模板。若没有运费模板，需要进行手动添加：单击右侧"去添加"，在新的页面中添加模板名称和计费方式；添加可配送区域（包括省、市、自治区），并根据不同的配送区域手动填写首件数、运费、续件数、续费。最后填写排序序号并单击"提交"	能正确填写运费信息，运费信息，能根据区域选择不同的运费

序号	步骤	操作说明	服务标准
6	填写其他设置	 （2）选择商品状态，填写商品初始销量和排序	能正确填写运费信息，运费信息，能根据区域选择不同的运费
7	补充其他促销信息	（1）积分设置包括是否开启积分赠送和是否允许使用积分抵扣，如需使用积分功能必须在"营销管理—积分设置"中开启 （2）会员折扣设置包括是否开启会员折扣和会员折扣设置 （3）分销设置包括是否开启单独分销	能正确设置积分管理

问题情景（一）

如果你所在的日用品门店需要在情人节到来之际上架几款新品牙刷，如何选择合适的上架标题并完成商品上架？

提示：寻找关键词，关键词搭配，浏览量测试，得到最大值对应的标题。

问题情景（二）

如果你是一家服装店店长，在上架商品时除注意节假日上架、门店标识鲜明独特等技巧外，还能应用哪些上架技巧促进商品的销售？

提示：选择流量最大的标题等。

五、学习结果评价

评价内容		评 价 标 准	评价结果（是/否）
活动完成情况	活动一	能够为商品编写合适的标题并完成商品上架	
	活动二	能够掌握促进商品销售的上架技巧并完成上架	

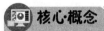

（1）根据本节课所学知识点，分别写出五个不同节假日适合商家上架出售的商品。

（2）小组成员进行比赛，轮流说出商品上架的含义以及商品上架的基本内容，对于不能说出的队员罚其背诵商品上架的技巧。

职业能力 2-3-2　能设置线上促销活动

核心·概念

线上促销：线上门店选择合适的时间，采用一定的促销方式对特定的商品进行销售。

学习目标

1. 知识目标
- 能够说出线上促销活动的基本步骤。
- 能够解释线上促销活动的形式。

2. 能力目标
- 能够完成线上促销活动。
- 能够设计线上促销活动页面。

3. 素质目标
- 树立正确的消费观。
- 遵守商品销售的法律法规。

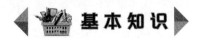

一、制定线上促销活动方案

1. 确定活动目标

门店开展线上促销的目的是使用各种促销手段打开销路，增加商品销量，从而获得更多收益。对于某些还处在发展阶段的门店，也可以通过线上促销活动增加门店粉丝数、宣传门店品牌、进行商品推广等。在确定促销活动的首要目标后，需要对其进行细化，确定具体内容。例如首要目标是增加门店收益,则需要制定每日销售目标、整个促销期的总销售量目标,并根据活动的不同阶段进行划分。

2. 确定活动主题

活动主题即促销活动要促销的商品及推广的内容等。

3. 确定顾客群体

对于不同的活动主题,要确定不同的顾客群体。只有把握好顾客定位,才能在活动开展时有的放矢,使活动的线索清晰,便于把控全局。

4. 确定活动时间

活动时间的最佳选择是节假日以及"双 11""双 12"等促销节日,以此顺势增加销量,达到促销的目的。店庆日也是很好的促销日期,利用门店店庆更引人注目,有利于门店宣传自己的品牌,在提升收益的同时为门店提升了口碑。

5. 确定活动形式

常见的促销活动形式如表 2-3-3 所示,可从中进行选择。

表 2-3-3　促销活动形式

促销形式	内　　容
积分促销	顾客在门店购买一定金额的商品,会获得对应的积分,凭借积分兑换奖品
连带赠品促销	购买指定商品赠送相应赠品:在使用此方式进行促销时要注意结合目标人群与商品特点,尽可能赠送对顾客有用的商品,以吸引顾客购买
打折促销	让用户关注门店,领取打折券,或将打折设置为会员专享,让顾客注册成为会员,从而为门店吸引流量
联合其他商家促销	借助知名度高的商家,与其联合发布商品,在实现销量增加的同时为门店引流

6. 确定推广方式

推广方式有两种:第一种是门店使用自己的线上运营账号进行活动预告与推广;第二种是门店借助大流量知名账号进行活动预告与推广。第一种方式适用于已经有一定粉丝基础的门店,可以增强品牌独立性,比第二种方式更有利于门店的发展。第二种方式适用于新开门店,这类门店一般没有可观的粉丝数目,若仅通过自己的渠道进行宣传,效果微乎其微,借助知名账号进行宣传、推广,可以有效地引起顾客注意。

二、设计活动页面

设计活动页面的流程主要包括拟订活动页面的大体框架,根据活动提炼文案、增加活动页面艺术效果,在页面完成后通过线上商城进行页面测试,测试通过后按照正式活动计划发布页面。

三、宣传、推广活动

1. 控制节奏

将整个活动分成预备阶段、正式开始阶段、活动高潮阶段和活动尾声阶段。在不同的阶段设计不同的宣传标语与小活动,使顾客在整个活动中保持热情。

2.对宣传内容进行适时优化

在设计活动开展方案时,要充分考虑特殊情况。若原先的宣传内容从数据上看不能达到预期效果,则应当对其进行优化调整。在设计宣传内容时,要对可能出现的问题及原因进行预测,并准备好相应的预案,使活动的宣传能够顺利进行。

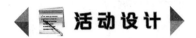

一、活动名称

门店线上促销。

二、活动条件

PPT、投影仪、计算机、线上平台。

三、活动组织

(1)5人为一组,轮流选一人当店长。店长负责组织活动,包括对员工进行分组,为每个小组分配任务等。

(2)员工按照分组,参照所学内容,对门店线上促销活动进行设计规划,并通过PPT放映的形式进行讲解。

(3)各小组按照规划在门店线上平台开展促销活动,并对销售量进行统计。

(4)开展活动总结,进行小组讨论。

四、活动实施

序号	步 骤	操作说明	服务标准
1	组建团队	每5人为一组组成团队,选择一人当店长,其余人员分为商品信息员、商品上架员、信息记录员、汇报员	分工合理,职责明确
2	组织讨论	店长组织大家按相关情景讨论促销方案和促销活动	讨论认真,结果清晰
3	开展优惠券促销活动	(1)单击菜单栏左侧促销活动中的优惠券,在弹出的页面中单击"新增" **优惠券列表** 注:优惠券只能抵扣商品金额,最多优惠到0.01元,不能抵扣运费 +新增 (2)以娃哈哈冰红茶优惠券促销活动为例,创办一个消费满10元减1元的活动,优惠券要求为红色,参加活动的最低消费为10元,要求发放4 000张优惠券,在页面中填入信息	能够正确按照活动安排进行,操作准确无误

序号	步 骤	操 作 说 明	服 务 标 准
3	开展优惠券促销活动	优惠券名称 * 满10减1 例如：满100减10 优惠券颜色 * ○ 蓝色 ⦿ 红色 ○ 紫色 ○ 黄色 优惠券类型 * ⦿ 满减券 ○ 折扣券 减免金额 * 1 最低消费金额 * 10 到期类型 * ⦿ 领取后生效 ○ 固定时间 有效天数 * 3 发放总数量 * 4 000 限制领取的优惠券数量，-1为不限制 排序 * 4 000 提交	能够正确按照活动安排进行，操作准确无误
4	开展用户充值返利活动	如现推出一种套餐充值活动，用户充值满100元可返现3元，将该套餐命名为"套餐 A" （1）单击充值设置，由于该充值活动没有对充值金额进行限制，故依次选择"允许""允许""是"，并提交 **充值设置** 是否允许用户充值 * ⦿ 允许 ○ 不允许 如设置不允许则用户端不显示充值按钮 是否允许自定义金额 * ⦿ 允许 ○ 不允许 是否允许用户填写自定义的充值金额 是否自动匹配套餐 * ⦿ 是 ○ 否 用户充值自定义金额是否自动匹配套餐，如不开启则不参与套餐金额赠送 （2）单击"用户充值"，选择充值套餐，单击新增，填写套餐名称、充值金额、赠送金额、排序并提交 **添加充值套餐** 套餐名称 * 套餐A 例如：套餐A 套餐B 充值金额 * 100 赠送金额 * 3 排序 * 100	能够正确按照活动要求进行
5	开展积分兑换活动	如现需要开展购买商品获得积分，积分用于抵用一定金额的活动。要求积分数＝实际消费金额×10％，且规定在消费满100元时可以使用积分抵消，每100元最高可抵10元。1积分可抵用0.1元	能够正确按照活动要求进行

序号	步 骤	操作说明	服务标准
5	开展积分兑换活动	(1) 单击积分管理,在积分设置中填写积分名称为"冰红茶积分";在积分赠送中选择"开启"购物送积分,并规定积分赠送比例为"10%" **积分赠送** 是否开启购物送积分 * ⦿ 开启 ○ 关闭 注:如开启则订单完成后赠送用户积分 积分赠送规则:1.订单确认收货已完成;2.已完成订单超出后台设置的申请售后期限 积分赠送比例 [10] % 注:赠送比例请填写数字0~100;订单的运费不参与积分赠送 例:订单付款金额(100.00元) * 积分赠送比例 (100%) = 实际赠送的积分(100积分) (2) 在积分抵扣中选择允许下单使用积分抵扣,在积分抵扣比例中填写为 0.1,抵扣条件中填入满 100 元抵 10 元,最后提交 **积分抵扣** 是否允许下单使用积分抵扣 * ⦿ 允许 ○ 不允许 注:如开启则用户下单时可选择使用积分抵扣订单金额 积分抵扣比例 [1个积分可抵扣] [0.1] 元 例如:1积分可抵扣0.01元,100积分则可抵扣1元,1000积分则可抵扣10元 抵扣条件 * [订单满] [100.00] 元 [最高可抵扣金额] [10] % 温馨提示:例如订单金额100元,最高可抵扣10%,此时对用户可抵扣10元	能够正确按照活动要求进行
6	开启消息推送	单击消息推送,在发送消息对话框中输入用户 ID、模板信息以及模板内容,并输入要跳转到的活动小程序页面指令(如 pages/index/index),完成后提交 用户ID * [10001] 如需发送多个用户,请使用英文逗号, 隔开;例如: 10001,10002 模板消息ID Template ID * [647328820] 如何获取模板消息ID? 模板内容1 [清凉夏日,冰红茶促销活动来为你解暑] 模板内容2 [现在点击微信小程序参加活动,即有机会获得福利] 模板内容3 [详情请进店咨询] 模板内容4 [请输入模板消息第4行的内容(没有则不填)] 模板内容5 [请输入模板消息第5行的内容(没有则不填)] 跳转的页面 * [pages/index/index] 用户点击消息进入的小程序页面,例如: pages/index/index	(1) 模板消息只能发送给活跃用户,查看活跃用户列表,每次发送不超过 10 人 (2) 根据某些平台规定,滥用模板消息接口有被封号的风险,应谨慎使用

问题情景 （一）

如果你所在的新零售门店刚刚开业,主营业务是进口食品,现需要开展一次团购促销活动来提升知名度,两人拼团成功可以享受 8.8 折优惠,应当如何规划此次活动?

提示:活动目标确定为宣传门店品牌。根据目标确定活动主题、顾客群体、活动时间、活动形式、推广方式。

问题情景 （二）

假如你是一家新零售门店的店长,你所在的门店拟开展连带赠品促销活动。应当如何开展此次促销活动?

提示:在使用此方式进行促销时要注意结合目标人群与商品特点,尽可能赠送对顾客有用的商品,以吸引顾客购买。

五、学习结果评价

评价内容		评 价 标 准	评价结果(是/否)
活动完成情况	活动一	能够根据门店情况确定活动目标、活动主题、顾客群体、活动时间、活动形式、推广方式	
	活动二	能够明确连带赠品促销的注意事项	

课后任务

(1) 搜集一个线上团购促销活动的相关案例,并结合所学内容,利用小程序开展一次团购促销活动。

(2) 说出线上促销活动的基本步骤,并说明线上促销活动的形式。

3
第三部分

↗ 班中工作

职业能力 3-1-1　能进行门店客流引导和会员注册引导

 核心·概念

门店客流引导:在顾客进店后,对顾客进行注册、购物、结账等引导,实现增加与稳定客户群,分散集中购物客流以及提高客户购物满意度的目的。

学习目标

1. 知识目标
- 能够简述不同场景中客流引导的注意事项及服务用语。
- 能够说出让顾客注册会员的意义。

2. 能力目标
- 能够独立完成不同场景下的客流引导服务。
- 能够独立完成顾客会员注册引导服务。

3. 素质目标
- 树立良好的客户服务意识。
- 认识到引导顾客注册会员是为顾客提供便利。

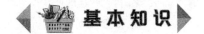 **基本知识**

一、引导方式及用语

顾客进店时,新零售店营业员应该主动引导顾客使用门店 App 或小程序,帮助他们注册会员和加入购物群,对有不同需求的顾客进行有针对性的引导,以方便顾客找到想要的商品,达到增加客群、销售商品、提高用户购物体验的目的。引导时的注意事项及服务用语如表 3-1-1 所示。

表 3-1-1　注意事项及服务用语

场　景	注意事项及服务用语
顾客进入店铺	顾客进店后,门口店员工应主动向顾客问好 注意与顾客接触时的细节,如眼神接触、微笑示意、语言问候等
主动为顾客提供帮助	主动询问顾客是否需要帮助,如顾客同意则按顾客需要进行服务 如果顾客拒绝帮忙,应尊重顾客意愿,并说:"好的,那您有需要的时候随时找我。" 主动邀请顾客加入门店群,可以说"请扫这个二维码加入我们,将有多重礼物赠送" 或者"加入门店群您就能更快地了解商品信息"等

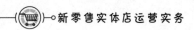

续表

场　景	注意事项及服务用语
顾客需要协助	当顾客不知道如何注册时,应当说:"您打开微信,扫描这个二维码,点击进去后,填写个人信息就可以了。" 当有顾客询问某种商品的位置时,应将其带到商品架前,可以说:"这边就是您要找的商品,请随意挑选。" 当遇到顾客需要购买的商品缺货的情况时,应当首先表示歉意,随后指出可以选择的替换商品或者表明该商品的到货时间
其他意外情况	当店员正在整理货架上的商品,顾客要选购此商品时,员工应询问是否需要替顾客取下商品或者立即让开并表示歉意 当顾客在店内发生意外事件,例如不小心滑倒或者打破商品时,应当首先询问其是否受伤,安抚其情绪,并快速冷静地处理现场 在顾客购买一些加热食物或热的饮品时,提醒他/她说:"先生/小姐,小心烫手。"

需要注意的是,当店员忙于收取商品、上货、整理货架、清洁、接打电话、处理文件、与上司商谈等事情时,如有顾客光顾、求助或投诉,应暂停手上的工作并且立即服务顾客,如无法解决,需请顾客稍等,并立即寻求当班负责人的协助。

二、柜台引导服务

当顾客到柜台寻求服务时,引导方式和服务用语主要包括以下几点。

(1)员工应与顾客有眼神接触、微笑、点头,使用"您好""欢迎光临"等礼貌用语。

(2)当顾客询问会员条件时,应询问:"请问您想加入我们的会员,是吗?"

(3)当顾客询问发票时,可以说:"如果您需要发票请到这边来。"

(4)询问顾客的其他需要,可以说:"先生/小姐,请问还有没有其他需要?""请问这条裤子需要我们帮忙改裤脚吗?""请问需要我们帮您处理吗?""请问需要我们派送吗?"

(5)引导顾客关注店铺,可以说:"如果您没时间到店里来,可以随时查看我们的会员群,上面会有当天的商品及优惠信息。""您可以多到我们的网店/小程序商城看看,上面的活动挺多的。"

三、会员注册引导

1. 会员注册的意义

传统门店顾客在购物离开之后,再次光临的可能性比较小或者无法判断。新零售门店则可以通过邀请顾客关注企业公众号、下载企业 App 等方式,对用户进行二次营销。会员注册的意义主要体现在以下方面。

(1)可以快速回笼资金。如果顾客充值成为储值优惠型会员,商家就可以实现快速回笼资金,减少现金流压力。

(2)增加顾客的黏性。会员卡中的余额以及定向发送的会员优惠活动,能够提高顾客的消费频率和忠诚度。

(3)提升商家服务能力。通过对会员进行回访、及时发布新品以及促销活动消息等,可以提升商家服务能力,提高店铺口碑。

2.引导顾客注册会员的服务用语

（1）顾客消费满一定金额时，或者对高单价的商品感兴趣时，工作人员可以适时推荐会员活动，顾客会感觉这是在为他们着想，这时可以说："先生/女士，您都买了300元了，可以办一张我们店的储值卡，我们的储值卡既可以返现，也可以打折，还可以享受很多的店铺福利呢。"

（2）当遇到砍价的客户时，化被动为主动，可以这样说："先生/女士，您可以下载 App 加入我们的会员，会员积分享有折扣，只需要扫一下这里的二维码即可。"或者"先生/女士，要不您加入我们的微信会员群吧，每个星期会在群里发布最新的折扣信息，还可以和群成员拼团购买商品，更实惠。"

（3）在顾客付款前，养成询问顾客是否是会员的习惯，着重强调成为会员的好处。如果客户说不是会员，此时收银员可以说："先生/女士，您可以关注一下我们的公众号，首次关注可以获取福利"或者"先生/女士，我们的小程序正在做促销活动，您可以先在商城里领取一张优惠券再结算"。

3.其他注意事项

（1）吐字清晰，声音自信。吐字清晰是推广的基本功，只有表述清晰才能让客户听懂。另外，声音也要充满自信，为对方提供真实可靠的信息，加强客户的信任感。

（2）重复重要内容。营业员应该从不同的角度说明引导的内容，最好每天提前列出当日商品的推广方案，明确重点，推广时多说重点内容，这样可以使顾客相信并记住所讲内容。

（3）注重语言素质。在推广时，要注意使用文明语言，要多注意他人的言行以及心情，如果客户不高兴，则不再继续多说。

（4）坦诚相待，感染顾客。要有一颗真诚的心，语言要富有亲和力、感染力。

（5）注意倾听客户需求。认真倾听，与顾客有眼神交流，了解对方的需求，从他们的回复中提取关键字，抓住他们的需求要点。

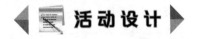

一、活动名称

客流引导、会员注册引导。

二、活动条件

新零售实训室、手机、会员注册表。

三、活动组织

（1）2人一组，以一家便利店为例，学习如何进行客流引导。

（2）两个组员一个扮演店员，一个扮演顾客，演示客流引导场景和会员注册引导场景。

（3）每组完成后向其他同学展示，其他组同学对其进行点评。

（4）在引导顾客的过程中，不能和顾客发生冲突。回答顾客疑问时，一定要有耐心，切忌对顾客表现出不耐烦的样子。

四、活动实施

序号	步骤	操作说明	服务标准
1	问候入店顾客	根据顾客进入店铺的时间，员工要说"早上/中午/晚上好"或"欢迎光临"	与顾客有眼神接触并行礼，时刻保持微笑
2	主动询问顾客是否需要帮助	（1）主动问候顾客 （2）主动邀请顾客加入门店群 （3）如果顾客拒绝帮助，可以说："好的，请随便看，如果有需要请随时找我"	能够主动问候，顾客不需要帮助时要及时离开
3	协助有需要的顾客	（1）当顾客不知道如何注册时说："您打开微信，扫描这个二维码，点击进去后，填写个人信息就可以了。" （2）当顾客寻找某商品的位置时说："先生/小姐，请到这边来。"将客人带到货架前说："您需要的商品在这里，请随便看。" （3）当商品缺货时说："很抱歉，您想要的商品暂时缺货，请注意看群里信息。"	要伴有手势引导，能够让顾客感受到被尊重和重视
4	处理其他意外情况	（1）当顾客不小心打破商品时，要说："先生/小姐，请问您有没有受伤呢？" （2）当顾客寻找商品时，员工正在整理货架，要说："对不起，请问需要什么东西，我帮您拿。"	处理意外情况要及时、有效
5	引导顾客注册会员	（1）邀请顾客加入会员，可以说："今天您加入会员可以获得双倍积分。" （2）引导顾客充值："今天您充会员卡可以得×××。" （3）当顾客消费满金额时说："您可以下载我们的 App，使用 App 结算可以累计积分，下次您消费的时候就能抵扣了。" （4）当顾客结账时，可以说："您可以关注我们的公众号，我们的优惠活动都会及时在上面公布，而且生日当天到店购物还会赠送小礼品。扫描二维码或者直接在微信公众号搜索我们店铺名字就行。"	（1）邀请得体 （2）积极有效引导 （3）帮助顾客成功下载 App 或关注公众号 （4）不能强制要求 （5）指导顾客准确填写信息

问题情景 （一）

如果你是一家便利店的运营人员，附近学校一场教师资格证考试散场，大批顾客涌入门店购买便当和水,一时间门店收银处变得拥挤不堪。请问你该如何进行引导?

提示:在店门口处进行引导,帮助顾客尽快完成商品的选取,在收银处做好排队引导,让顾客提前准备好付款码,尽快完成付款。

问题情景 二

如果你所在的门店最近开展的"注册 App 会员可享优惠"活动效果不好,可以采取哪些措施吸引顾客注册会员?

提示:在结账处对准备结账的顾客宣传注册会员享有哪些结算优惠,在每件商品的标签处写上原价和会员价(会员价用鲜艳字体标出),在门口或结账处张贴关于会员福利、特权的公告。

五、学习结果评价

评价内容		评价标准	评价结果(是/否)
活动完成情况	活动一	能正确描述新零售门店客流引导的措施	
	活动二	能正确引导顾客注册会员	

课后任务

假如你是某个写字楼附近便利店的店员,这个写字楼里有很多公司,请思考:

(1) 你会如何开发顾客资源,吸引更多的顾客加入门店会员?

(2) 你将怎样说服这些潜在的会员?

职业能力 3-1-2　能执行门店线下促销活动

核心·概念

促销:门店向消费者传递有关企业自身及其产品的各种信息,吸引或说服消费者购买其产品,以达到扩大销售量的目的的活动。

学习目标

1. 知识目标

• 能够说出促销的主要目的。

• 能够概述促销工作流程及其要求。

2. 能力目标

• 能够根据不同情况灵活运用促销方式。

• 能够独立完成一次线下线上联动的促销活动。

3. 素质目标

• 具备物资、人力、时间等方面的成本意识。

• 认识到促销对企业与消费者的好处。

基本知识

一、促销的主要目的

（1）鼓励顾客大量购买，迅速提升卖场整体销售量。

（2）给顾客带来新鲜感，加深对某商品或品牌的印象。

（3）促进潜在顾客购买，使顾客尽快熟悉商品，促进商品的销售。

（4）提升品牌形象。

（5）有利于积压货品的清库，降低库存。

二、促销工作流程及其要求

1. 活动前充分准备

（1）人员分工。成立负责促销活动的小组，对活动准备期的任务进行明确分工。

（2）天气确认。事先了解活动当天的天气情况。

（3）现场选取。确定活动的最佳位置、外场活动场地。

（4）场地落实。提前一周甚至一个月与管理部门确定场地。

（5）活动招聘。对促销员要严格把关，重视人员素质而非数量。

（6）活动培训。促销员必须经过培训方可上岗。

（7）激励制度。传达公司销售政策，制定科学可行的激励制度，提升员工积极性。

（8）材料准备。准备喷绘、海报、单页等宣传材料，准备横幅、帐篷、促销台、赠品发放登记表等现场材料。

（9）赠品申请。根据礼品库存情况和促销需求，及时提出采购需求并跟进。

2. 活动中严格执行

（1）提前布场，注意风格、设备、环境等。

（2）人员分工，包括活动总指挥、宣传、销售人员、产品及赠品保管员。

（3）及时、充分地将销售信息传达给现场每一个人。

（4）通过喊口号、碰头会等形式对促销员进行激励。

（5）对在同一促销现场的竞争对手所制造的干扰信息要及时排查、解决。

（6）赠品、奖品、奖金发放及时入账。

3. 活动后及时总结

（1）半天总结一次，及时鼓舞士气。

（2）活动结束当天，召开现场总结会议，表扬优秀工作人员，肯定成绩，找出不足。

（3）活动结束后，门店管理层就活动的策划、准备及执行进行总结，撰写总结报告。

三、促销的方式

（1）降价。商家限时段直接降低商品价格，并在价格标签上体现。

（2）打折。顾客购买商品时商家按全价给予一定的折扣。

（3）满减。顾客购买达到一定金额的商品,商家给予一定数额的费用减免。

（4）赠品。顾客购买指定商品可以得到额外的商品赠送。

（5）赠券。顾客购买达到一定金额的商品,商家给予优惠券,下次购买时使用。

（6）积分奖励。顾客在一些特定时段购买指定商品,可获得额外的积分奖励。

（7）试吃试用。现场摆放促销食品、饮品的散装款,供消费者试吃或试饮;摆出试用品让消费者现场或带回家试用。

（8）限时秒杀。在规定的时间内购买指定商品可以得到超低价优惠。

四、附加推销

附加推销是一个建议性推销程序,是在顾客消费过程中向其建议购买某些商品或提醒客人是否还有其他需要。进行附加推销时应当注意以下几点。

（1）注意推销时机,可在顾客浏览或选购商品时提醒顾客是否漏买商品,应尽量提供有建设性的附加推销,如顾客买鲜奶时,询问其要不要面包。

（2）附加推销不是硬性摊派,在交易过程中要灵活处理。

（3）注意推销的语气,不要令顾客反感。

（4）并非每次推销都会成功,但必须每次交易都要尝试。

（5）业务繁忙时也不能忽视细节,一句"还有没有其他需要呢?"可以增加顾客的好感。

（6）当店员向客人作第二次附加推销时,客人仍然不接受或表现得不耐烦,店员应停止。

（7）每次只推销一至两种商品便足够,如表 3-1-2 所示为附加推销的常见做法。

表 3-1-2　附加推销的常见做法

附 加 推 销	常 见 做 法	
	选购商品	建议商品
关联性商品:建议一些与顾客所选购商品有关的额外商品	牛奶 快餐食品 啤酒	面包/蛋糕 饮品 小食
替代商品:若店内没有顾客需要的商品,可建议其他性质一样的商品	鲜奶 橙汁	酸奶、乳制品 其他果汁
季节性商品:建议购买一些只限某个节日或季节出售的商品	中秋节的月饼,春节的礼盒	
推广商品:推广商品一般会有价格优惠,且优惠的商品每期更新,较易为顾客所接受	介绍该期推广商品,针对不同的顾客类型,选择不同的推广商品进行推销	
新商品:建议顾客购买新商品,保持顾客的新鲜感	对新商品的性能、口味简要介绍,以吸引顾客尝试	
冲动性商品:顾客本来没有选购,但在柜台付款时,才被激发出购买欲的商品	柜台前摆放的糖果、小食、纸巾、扑克等	

活动设计

一、活动名称

开展线上与线下促销联动活动。

二、活动条件

新零售实训店、促销商品、货架、投影仪、PPT、计算机、麦克风

三、活动组织

(1) 假设某日用品新零售门店在中秋节期间计划进行线下门店促销活动,模拟此次促销活动。6人一组,其中一人担任店长。

(2) 该新零售门店最近推出了 App 和小程序,请探讨如何开展好这次线上线下联动活动。

(3) 每组讨论完成后,向其他组汇报总结,由其他组进行提问和补充。

(4) 注意维护促销活动现场的秩序,保障活动的有序进行。

四、活动实施

序号	步 骤	操 作 说 明	服 务 标 准
1	活动准备	(1) 人员分工:两名促销员,一名备货员 (2) 场地落实:选择适合促销的场地 (3) 传单印制	(1) 分工明确合理 (2) 选择场地醒目 (3) 传单制作精美
2	设计促销方式	(1) 结合现场实际情况,合理设计降价、打折、满减、赠券、积分奖励、试吃试用、限时秒杀等不同的促销方式 (2) 制订具体的促销方案	(1) 选定的促销方式必须科学、合理 (2) 促销方案分工明确、便于操作执行
3	布置现场与宣传	(1) 提前布场:张贴海报,摆放产品 (2) 将销售消息传达给现场每一个人,例如通过门店广播以及给店门口的行人发传单	(1) 场地干净整洁,海报位置明显 (2) 至少50人知道信息 (3) 超过10位客人注册 App 或小程序
4	线上联动	(1) 推荐客人通过注册 App 或小程序来获得促销优惠 (2) 引导消费者领取线上优惠券,并协助消费者快速找到优惠券领取处	(1) 推荐得当,遵循顾客自愿下载或关注的原则 (2) 正确引导线上优惠券的领取

续表

序号	步骤	操作说明	服务标准
5	线下促销	(1) 发放促销赠品或纸质赠券 (2) 计价折扣 (3) 二次推销	(1) 发放及时、准确 (2) 计价准确 (3) 推销精准、舒适
6	小组总结	(1) 半天总结一次,核对销售产品的数量 (2) 改正促销活动中出现的问题	(1) 总结要及时 (2) 问题精准到位
7	讨论分享	(1) 分组轮流介绍活动情况 (2) 总结本组成功经验和不足之处 (3) 点评其他组完成情况并给出建议	(1) 接受其他组的纠正或补充 (2) 认真听取其他组介绍,给出自己的意见和建议

问题情景（一）

某便利店在中秋节促销活动中,由于太火爆,导致等待结账的人较多,且出现了试吃的月饼不足的情况,应当如何处理?

提示:疏导客流,引导顾客加快购物、结算;向门口观望后离开的顾客宣传活动周期,请他们另改时间再来;调库存,向上级领导请示先开一盒新的月饼给大家试吃;表示歉意,推销另外几款可替代的商品。

问题情景（二）

百鑫商店将举行十周年店庆,店庆期间将进行大规模的促销活动,作为店长请策划此次促销方案,并组织大家完成促销活动。

提示:按照门店促销流程及要求开展工作。

五、学习结果评价

评价内容		评价标准	评价结果(是/否)
活动完成情况	活动一	能正确处理促销活动过程中发生的意外情况	
	活动二	能按照门店促销流程及要求开展工作	

课后任务

假如你是某个生鲜新零售门店的店员,公司组织了一个新的助农项目——"推广海南香蕉",在线上推出购买并在微博上打卡就能参与官方微博抽奖的活动。你负责在线下执行促销活动。请思考:

(1) 你将为这个促销活动增加哪些特色设计?

(2) 你将运用什么样的方法进行推广?

职业能力 3-1-3 能开展线下门店用户体验活动

核心·概念

体验经济:企业以服务为重心,以商品为素材,为消费者创造出值得回忆的感受。

学习目标

1. 知识目标
- 能够解释借助科技提升体验的方法。
- 能够说明打造完整用户体验的要点。

2. 能力目标
- 能够通过讨论分享更多门店体验活动。
- 能够带领顾客体验商品服务。

3. 素质目标
- 能树立良好的用户服务意识。
- 体会到服务顾客是销售的最高境界。

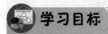 **基本知识**

一、打造完整用户体验的要点

1. 营造门店的良好形象

对门店内外的装修、整体布局、商品陈列、人员着装等,应请专业的设计师进行规划,达到令人耳目一新的效果。

2. 提供更多附加服务

在产品质量差异不大时,服务能力的强弱决定了门店的核心竞争力。门店可以通过提供附加服务的方式增进与用户的情感,建立除了商品交易外的多渠道沟通模式,增强用户的体验,增加用户对门店的好感。

3. 用科技助力体验提升

在新零售实体店中,商家可以应用虚拟现实、增加现实等先进技术,为顾客打造出更好的用户体验,让顾客有身临其境之感。

4. 打造门店传播点

互联网环境下的信息碎片化,导致用户获取信息的成本不断攀升。任何信息想要获取用户或获得广泛认知,都需要一个话题引爆点来引起用户的兴趣,这个传播点既可以是视觉形象,也可以是声音,还可以是产品或服务,甚至是人。

5. 创造新鲜感、氛围感

门店如果能经常给顾客带来新鲜的感觉，让顾客总能得到一些小惊喜、小刺激，避免出现场景疲劳，就能打造更好的用户体验。例如，可以组织一些小活动活跃气氛，也可以增加新产品以丰富商品种类，还可以适当改变布局。

二、借助科技提升体验的方法

1. 虚拟现实

虚拟现实（virtual reality，VR）技术是一种采用 3D 交互逻辑的成像技术。虚拟现实技术应用时间较短，其核心结构主要以环境模拟系统、环境感知系统及环境传感系统构成。借助 VR 技术可以提升新零售的科技感，促进口碑传播，门店的工作人员应当积极帮助和引导客户进行这种体验。

例如，2019 年，某化妆品品牌方在北京的汉光广场用 VR 技术带领用户体验"DIY 护肤"的乐趣，用户只要带上 VR 眼镜，用户就能有亲临美丽小花园的画面感，配上游戏手柄，还能采摘护肤品所需的原料。

2. 增强现实

增强现实（augmented reality，AR）技术是一种将虚拟信息与真实世界巧妙融合的技术，该技术广泛运用了多媒体、三维建模、实时跟踪及注册、智能交互、传感等多种技术手段，将计算机生成的文字、图像、三维模型、音乐、视频等虚拟信息模拟仿真后，应用到真实世界中，两种信息互为补充，从而实现对真实世界的"增强"。

AR 技术在新零售门店中可以在以下方面得到应用，工作人员应当了解其技术和使用方法，并能协助顾客更好地通过 AR 技术了解商品和店铺。

（1）方便购物。AR 技术可帮助消费者在购物时更直观地判断某商品是否适合自己，以做出更满意的选择。例如，在选择购买家具产品时，用户可以通过软件轻松、直观地看到不同的家具放置在家中的效果，如图 3-1-1 所示。

图 3-1-1　AR 购物

（2）产品介绍。AR 技术通过在产品上叠加虚拟文字、图片、视频等信息，为消费者提供产品导览、介绍，达到使顾客身临其境的效果。例如，某服装品牌的门店里采用了互联网数字化工具,力求增强门店的科技感和体验感,其中最受好评的一项举措就是门店的数字互动,用户用手机扫描海报条码,就可以看到 3D 的海报,从而提升用户的购买欲望,如图 3-1-2 所示。

图 3-1-2　AR 介绍

3. 虚拟穿戴

虚拟穿戴是新零售门店的一项服务于顾客的新体验,它是 VR 技术与 AR 技术混合应用的结果。虚拟穿戴目前的应用场景有两种:一种是线上的"虚拟试衣间",如图 3-1-3 所示,另一种是线下门店的"AR 试衣"和"虚拟试戴"。

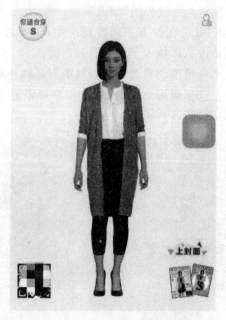

图 3-1-3　线上"虚拟试衣间"

4. 休闲游乐

新零售门店可以引进一些休闲娱乐项目,吸引顾客前来。例如,上海的罗森门店就曾在店铺中展示当地一些摄影爱好者拍摄的照片,以这种方式吸引了很多顾客前来观看并顺便购买商品。

活动设计

一、活动名称

虚拟穿戴。

二、活动条件

新零售实训店、手机、VR设备、AR设备。

三、活动组织

（1）2人一组，其中1名学生扮演店员，1名学生扮演顾客。
（2）由店员引导顾客在店内通过VR技术体验门店全景。
（3）其他组同学观看该组同学展示，并交流讨论，提出自己的建议。

四、活动实施

序号	步　骤	操 作 说 明	服 务 标 准
1	向顾客介绍门店内的VR设备	店员可以主动向进入门店的顾客介绍店内的VR设备	（1）对顾客要亲切、有礼貌 （2）选择合适的时机进行介绍
2	询问顾客是否愿意体验	向顾客介绍后，观察顾客的反应，可以主动询问他们是否愿意体验VR技术	尊重顾客的个人意愿，不强制
3	引导顾客体验AR技术	（1）引导顾客体验VR购物技术 （2）引导顾客体验"虚拟试衣间" （3）引导顾客体验AR试衣技术 （4）引导顾客体验虚拟试戴技术	（1）讲解详细 （2）顾客在店员的引导下能够完成操作
4	分享讨论	（1）向其他小组展示，展示时其他小组认真观看 （2）小组展示结束进行总结分享 （3）其他小组进行点评	（1）观看认真细致 （2）点评全面中肯

问题情景（一）

某化妆品零售门店提供口红、腮红等产品的AR试色，但是很多顾客来店之后会觉得这些试色有点假，还是愿意进行真人试色，请讨论如何解决。

提示：提升AR技术应用的效果，确保给人真实的体验；请店员给顾客做示范，表示AR试色和实际试用相差无几，且不用卸妆；请顾客选好目标色号后如果不放心再进行真人试色。

问题情景（二）

某大型百货零售商店给顾客提供简单的AR店内导航、商品搜索指示位置等服务，但是由于店内有时候人员拥挤或者商品调整,实际体验效果并不好,请思考如何解决。

提示:调试系统,合理规划店内商品陈列和布局;人员较多时辅以人工引导;出现问题时及时处理。

五、学习结果评价

评价内容		评 价 标 准	评价结果(是/否)
活动完成情况	活动一	能收集AR体验反馈,准确进行体验的示范	
	活动二	能及时进行引导,增强顾客的体验感	

课后任务

(1)假如你是某个新零售门店的店员,请思考当值时应如何更好地帮助顾客体验店内新引进的VR购物技术。

(2)说出参与过的AR或VR体验,并思考如果将其用于门店销售可以怎样做。

职业能力 3-2-1 能进行日常社群运营

核心·概念

社群:在某些边界线、地区或领域内发生作用的一切社会关系。

社群运营:将群体成员以一定纽带联系起来,使成员之间有共同目标和持续交往,有共同的群体意识和规范。

学习目标

1. 知识目标
- 能够简述社群的概念。
- 能够简述社群运营的概念。

2. 能力目标
- 能够独立完成建立社群的操作。
- 能够进行社群运营和维护。

3. 素质目标
- 养成自主完成社群建立操作的习惯。
- 具有树立客户关系管理的意识。

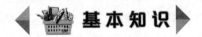

基 本 知 识

一、建立社群的意义

(1)社群可以低成本获客。通过建立社群,可以在社群成员之间实现带动效果,增加成员数量;建立社群已经成为许多新零售门店运营的一项重要工作。

(2)社群是门店和用户之间途径最短的联系工具。通过在社群中发布活动信息、优惠券、红包,或者售前售后咨询,门店直接完成与用户的沟通交流,可以更好地服务顾客。

二、建立社群的步骤

在社群运营中,目前最常见的是建立微信群,新零售门店建立微信群的步骤如下。

1. 建立微信群

(1)确定群主。负责建立微信群的通常是门店的店长,因为店长的微信上会有一些现有客户的微信,建群后首先要将这批老客户邀请进群。

（2）设定群名称。设立群名称时，要利用关键词营销的概念，站在客户的角度思考，让客户在众多微信群里快速找到自己想要的店群，如"×××店微信福利群"。群名称应直接简明，让客户知道这个群是来自哪家店的，且明确这个群是一个"福利群"，并非广告群。

（3）编写群公告。群公告的内容直接影响客户的体验，应当在建群前预先设定好群公告的内容，且内容不要过多或过于复杂，一般在给入群客户发福利前后发送。

2. 邀请客户进群

建群后的第一批客户一般是原有的忠实客户，这些客户对本店有较高的认可度，是可以帮助门店进行口碑传播的"种子用户"。第一批客户进群后先发布群公告，然后发一个红包表示欢迎进群、感激支持，同时让这群忠实客户邀请身边的朋友进群。

3. 社群运营和维护

（1）应当建立社群规范，主要包括以下内容。

群名称标准化，例如"××店—会员1群"。

群内管理员真实化，管理员应在群内表明个人身份。

发布信息管理制度，如不得传播负面言论，不得讨论政治话题，不得传播色情内容，不得发布本店以外的广告。

群内互动规则，包括禁止刷屏，晚上11点—早上7点禁言。

（2）做好社群管理角色分配包括以下内容。

群主一般为店长，应在节假日发送问候语，并每周做一天值班管理员。

群管理员负责具体群管理工作，提供价格查询、天气预报、生活小常识、进群欢迎等服务，并监管执行管理制度。

活动宣传及客户服务人员可定期分享活动信息，展示娱乐体验活动现场图片，处理顾客投诉，收集顾客意见。

产品推广一般由门店经理负责，可适时推送特价、团购信息，介绍产品卖点。

门店员工可以协助活跃群气氛，回应群内发送的信息，分享所售产品的用法、好处等。

（3）合理扩群。门店店员要积极吸引到店顾客进入本店社群。寻问每一位到店顾客是否已经在群内，如果没有进群，就向其介绍进群后有哪些优惠和好处，甚至送一些小礼品请对方进群。如果社群人数过多不便管理和维护，门店就要及时地建立第二个微信群。

4. 社群营销

（1）形成社群内宣传规范，根据时间适时推送不同时段、不同用户群体需要的信息，以此来进行社群促销。如表3-2-1所示为某生鲜新零售门店的群消息发布特点。

表 3-2-1　群消息发布特点

时 间 段	目标受众	适 合 内 容
7:30—9:00	上班族	早上问候，发布最新的促销活动
9:00—11:30	家庭主妇	促销活动信息，与用户实时互动，处理用户反馈
11:30—13:00	上班族	促销活动信息，与用户实时互动
17:30—19:00	上班族	推出重点商品、海报促销、小程序活动

时 间 段	目 标 受 众	适 合 内 容
19:00—22:00	全体	促销活动信息,与用户实时互动,处理用户反馈
22:00—22:30	全体	交流互动,晚间问候,活动预告

(2)进行社群营销推广,一般包含以下要点。

① 每周选择 2 款商品享有社群专享价。

选品要求以消费需求高、频率高的商品为主,考虑复购率,应具有地理、季节特点,可对流行趋势进行推荐。

② 微信群专属内购,可以预售形式进行,如图 3-2-1 所示。

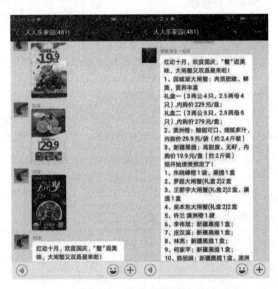

图 3-2-1　微信群专属内购

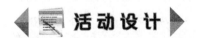 活 动 设 计

一、活动名称

模拟社群运营。

二、活动条件

手机、白板、白板纸。

三、活动组织

(1)3~5 人一组,共同策划建立一个门店社群。

(2)将门店社群建立步骤整理出来。

(3)每组完成后向其他同学展示,其他组同学对其进行点评。

（4）注意打造一个健康的交流互动环境。

（5）群成员之间如果发生意见上的分歧,群管理员要及时采取措施。

四、活动实施

序号	步 骤	操 作 说 明	服 务 标 准
1	建立微信群	（1）确定建群人员 （2）设定群名称 （3）编写群公告	（1）建群人员拥有较多老客户的微信 （2）群名称直接、易记住 （3）群公告简洁明了
2	寻找粉丝	（1）第一批客户进群后先发布群公告,并发红包表示欢迎,让客户将身边的朋友拉进群 （2）通过一些促销手段让顾客入群,比如赠送小礼品等	（1）社群用户数量在一周内达到30位 （2）退群用户比例不得高于20%
3	社群运营	（1）建立社群规范,例如发布信息管理制度、群内互动规则等 （2）做好社群管理角色分配	（1）社群规范能够被群成员普遍接受 （2）社群管理角色分工合理
4	社群维护	（1）制造群聊话题,引发成员探讨 （2）定期发送福利,活跃社群气氛	（1）讨论话题积极健康 （2）成员积极参与互动
5	用户反馈	（1）及时反馈用户的商品需求 （2）及时安抚投诉的用户,通过私聊等方式处理	（1）用户消息回复及时 （2）用户负面反馈处理得当,无二次负面影响的产生
6	讨论分享	各群组进行讨论、分享	各组都要充分提意见和建议

问题情景（一）

某小区便利店的微信社群里,因为管理员发布的商品价格与门店一般售价没有太大区别,参与讨论和购买的人变少了,请思考如何解决这一问题。

提示:考虑设置每日特价或优惠,为社群成员谋取福利。

问题情景（二）

假如你开了一家新零售门店,但是在门店经营中遇到了难题:门店的位置看似距离社区居民很近,但是实际上生意惨淡,进店的客人少,你该怎么办?

提示:店铺张贴一个门店会员群二维码,所有入群的顾客获得一定的优惠;通过微信群不定时发放红包,增加成员互动,推送优惠活动信息,进行二次营销。

五、学习结果评价

评价内容		评价标准	评价结果(是/否)
活动完成情况	活动一	能正确处理社群运营中出现的问题	
	活动二	能正确解决新零售店铺在经营中出现的问题	

（1）请思考,假如你是某个大型花园式小区附近便利店的店员,你当值时应如何更好地运营店里的社群以及推销当天的特价商品?

（2）选择你微信中现有的一个群,尝试进行某种商品或服务的推销。

职业能力 3-2-2　能进行门店直播营销

核心·概念

直播营销:在现场随着事件的发生、发展进程同时制作和播出节目的营销方式,该营销活动以直播平台为载体,目的是使企业获得品牌提升或销量增长。

学习目标

1. 知识目标
• 能够简述直播营销的基本概念。
• 能够描述直播的基本模式。

2. 能力目标
• 能够按流程完成直播营销。
• 能够灵活运用新零售直播的两种方式。

3. 素质目标
• 遵守直播中的法律法规。
• 养成直播中不夸大商品性能,不虚假承诺,诚实守信的职业素养。

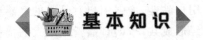

基 本 知 识

一、直播营销的流程

1.市场调研

通过广泛的市场调研确定目标用户并准确把握其需求,根据用户需求提供精准的产品或服务。

2.选择合适的直播方式

各种直播方式所需的资源不同,门店要精准分析自身情况,选择合适的直播方式,经费充足、人脉资源丰富的门店可以选择与明星合作直播,增强直播营销效果。

3.直播平台的选择

不同直播平台的用户特点不同,带来的流量也不一样,门店在进行直播营销时需根据自身产品和用户特点,选择合适的直播平台。

4. 设计直播方案

直播方案的设计决定直播效果,设计时需要销售人员及广告策划人员的共同参与,让直播营销的效果达到最佳。

5. 效果评估

营销效果最终体现在转化率上,通过直播和销售数据的分析,可以评估此次直播营销活动的效果,同时也可以为下一次直播营销提供经验。

二、直播的基本模式

1.“品牌＋直播＋明星”

“品牌＋直播＋明星”是相对成熟、方便执行、容易成功的一种直播模式。明星一般具有较大影响力,可以迅速吸引观众的注意力,进而产生巨大的流量。企业想要通过直播塑造品牌形象时,一般都会优先考虑此模式,聘请拥有良好形象的明星。

此方式虽然见效快,但也有一定的缺陷。明星直播很难留下影响深远的话题,而且明星直播已经被大量企业利用,观众对明星的好奇心被消磨之后,产生的效益也会下降。因此,企业在利用这种直播方式进行营销时,要把握时机,适当利用。

2.“品牌＋直播＋企业日常”

直播时代,各种日常活动都可以作为直播内容,企业日常活动同样也可以作为直播内容。

企业日常是指企业制定、研发、生产产品的一系列活动,大到企业会议,小到员工就餐。这些对于企业稀松平常、琐碎无趣的小事,在消费者看来却是产品光环下的“机密”。因此,将企业日常引入直播平台,也是一种吸引观众注意力的直播营销方式。

3.“品牌＋直播＋深互动”

“品牌＋直播＋深互动”模式是指通过直播活动,由品牌方直接解答消费者的疑问,并通过抽奖、红包等互动形式提高用户黏性,增强用户对品牌的好感度。业界对于直播营销的探索仍在进行中,但是有一点已经形成共识,即直播营销最大的优势是能带给用户更亲近的使用体验。例如,在服装品类的品牌直播中,消费者能够直接就面料、尺寸、试穿效果与品牌方进行互动,减少下单前的疑虑,提升信任感。

三、新零售直播的方式

1. 店内直播带货

新零售门店可以选择合适的直播平台,在店内选取几款重点商品进行直播展示,也可以直播展示货架商品、店铺周边等,以此来吸引顾客下单或者实现线下引流。

2. 与商品产家合作进行直播

新零售门店也可以与某些商品的制造商或经销商合作开展直播,重点展示这些商品,通过直播吸引顾客来店消费或线上下单。

活动设计

一、活动名称

模拟门店直播。

二、活动条件

手机、直播支架、货架、商品。

三、活动组织

（1）3～6人一组，分别担任店长、主播、副主播、产品制造商、文案员、信息员等。

（2）各组分别选取适合开展新零售直播的平台，收集相关资料，并观察这些平台上的新零售商家是如何进行直播的。

（3）按照收集的案例资料以及给定的条件，设计直播方案，明确流程、服务用语、销售目标等。

（4）在店长的主持下，各成员相互配合完成模拟直播。

（5）完成后各组进行汇报分享。

（6）注意维护直播间活动气氛，及时对负面舆论做出反馈。

四、活动实施

序号	步骤	操作说明	服务标准
1	选择合适的直播平台	搜集几个直播平台的信息，比较分析哪个最适合新零售直播	选出最适合新零售直播的平台
2	设计直播方案	销售策划与广告策划共同参与，商榷直播方案，确定直播的形式、场地等	产品在营销和视觉效果之间恰到好处，不会引起顾客的反感
3	直播开场	介绍活动的主播，介绍直播内容以及店铺促销活动信息	语言简洁精练，重点内容有效传达给观众
4	商品推荐	聊天、互动的时候自然地把话题引到产品上，向观众展示产品，宣传产品的卖点，向观众展示产品细节	不夸大产品，实事求是，全方位展示产品细节
5	评论互动	回答观众问题，适时进行互动，还可以给前几位购买产品的顾客发放福利	及时解答观众的疑问，保持气氛轻松愉快
6	直播收尾	在直播接近尾声时，感谢并祝福观众，并预告下一场直播的内容和时间	注意礼貌用语
7	分析总结	分析总结新零售直播应当选择的平台、直播方式和直播时的注意事项	形成可行的经验总结

问题情景 一

某社区便利店想策划一次儿童节直播活动，请思考门店应当如何选品，应当在哪一个平台直播,如何宣传才能使更多的用户参与其中。

　　提示:应当选择儿童比较喜爱的商品,如玩具、文具、儿童零食等,可选择社群直播、腾讯、抖音等,以海报或者社群公布直播中的优惠活动,鼓励大家参与。

问题情景 二

　　承情景一,该便利店邀请了一家文具用品店参与儿童节直播活动,请思考如何结合文具销售的特点开展好这次合作。

　　提示:可以选取一些有吸引力的文具在直播间进行重点讲解,在直播间设置抢优惠券、满多少减多少的活动。

五、学习结果评价

评价内容		评价标准	评价结果(是/否)
活动完成情况	活动一	能正确选择适合产品的直播平台并完成直播	
	活动二	能实际策划和组织直播营销	

课后任务

　　(1)假如你是某家生鲜新零售门店的店员,随着小龙虾销售旺季的到来,门店计划策划一场直播营销活动,带动线上小龙虾熟食类商品的销售,请收集资料进行策划并实施直播。

　　(2)请观看至少三个不同类型产品直播间的直播营销活动,写出它们各自的特点。

职业能力 3-2-3　能进行门店短视频营销

核心·概念

　　短视频营销:通过在短视频平台上发布关于产品或商家信息的短视频,达到推广产品、带动销售的新型营销方式。

 学习目标

1. 知识目标
• 能够简述短视频营销的平台。
• 能够简述短视频营销的常见形式。

2. 能力目标
• 能够列举出短视频营销的常见形式。
• 能够拍摄新零售营销短视频。

3. 素质目标
• 树立在短视频营销过程中传播正能量的意识。
• 遵守拍摄视频过程中涉及的隐私保护规定。

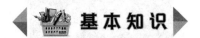

一、短视频营销的平台

短视频已经成为移动互联网使用时长和用户规模增长最快的细分领域之一。在短视频平台中,抖音和快手目前占据了绝大部分的市场,如表 3-2-2 所示为二者的特点对比。

表 3-2-2　抖音和快手的特点对比

对比项	抖音	快手
广告形式	信息流广告(单页广告、原生广告)、开屏广告	视频信息流广告,包括用户发现页、广告详情页、品牌空间页等;广告转化以应用推广、品牌推广为主
用户特征	用户群体多为"95 后"及"00 后",主要核心用户来自一、二线城市	用户群体多为"80 后"及"90 后",社交属性强,对中小城市用户覆盖面广

二、短视频营销的常见形式

1. 拍摄产品使用教程,解答客户疑问

拍摄产品短片为客户解答疑问是短视频营销最基本的工作内容。拍摄一段产品使用教程并配以语音指导,可以为用户提供更有效的帮助,带来更多附加价值。

2. 展示产品制作过程,增强用户信任

将产品的制作过程拍摄成一条短视频展现给潜在客户是一种有效营销方式,尤其当产品的制作工艺、原材料是产品的核心卖点时,这类短视频能让用户直接了解产品的生产过程,增强用户信任。

3. 利用节日热度,制作传播热点

七夕情人节等节日是品牌商与消费者互动的关键节点,以节日为主题的短视频营销也成为品牌商与消费者建立联系的方式。如图 3-2-2 所示,珠宝品牌周大福为七夕节制作了主题短视频,在短视频中宣传产品特性,达到营销效果。

4. 增强用户互动,提高用户黏性

通过短视频的点赞、转发、评论等互动形式,拉近品牌与用户之间的关系,同时利用抽奖、赠送礼品等形式提高用户的参与度。可以邀请用户通过上传带有标签的视频参加活动,从而提高品牌在平台的曝光量和讨论热度。

5. 鼓励顾客参与,提高用户兴趣

打卡、测评、开箱类短视频因为互动性强、参与性高,形成的宣传效果较好。新零售门店也可以举办类似活动,鼓励顾客到店打卡、测评商品并拍摄视频,吸引潜在客户。

图 3-2-2　周大福七夕短视频

三、新零售营销短视频的拍摄内容

1. 介绍主推商品

可以与主推商品的制造商或经销商合作,拍摄关于主推商品的短视频,如制造、销售、体验、使用场景等,发布到平台上,借助一定的营销推广,对产品进行宣传,增加关注度。例如,夏日来临之际,可以与制造商合作,拍摄冰淇淋的生产、储存、销售过程,发布到平台上。

2. 宣传店铺营销活动

新零售门店可以将店铺的营销活动和参与方法拍摄成短视频,发布到平台上,让更多的人知道这种活动并参与进来。例如,新零售门店在儿童节举办一些吸引小朋友的活动,可以将活动的场景布置、活动举办的过程拍摄成短视频,吸引顾客观看、讨论、转发等,促使更多的人了解活动信息,进而参与其中或者加深对本店铺的好感。

3. 策划短视频"打卡"活动

新零售门店可以策划一些"打卡"活动,如顾客到店消费时将购买产品的全过程拍摄并上传到短视频平台,即可获得某种奖励等,以此来激发顾客参与的热情,在平台上积攒人气和热度。

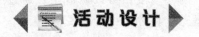 活动设计

一、活动名称

短视频营销活动。

二、活动条件

具有拍摄功能的手机、笔记本、摄影支架、剪映 App。

三、活动组织

（1）4～6 人为一组，其中一人担任组长，其他人担任摄影、助理等。

（2）每组策划一个短视频营销方案，并进行摄影、剪辑。

（3）各组汇报营销方案，展示短视频成品，由其他小组进行评价，并提出可行性建议。

（4）注意视频素材的原创性，不盗用版权素材。

四、活动实施

序号	步 骤	操 作 说 明	服 务 标 准
1	策划短视频营销方案	讨论如何开展短视频营销，形成方案	方案切实可行，能够有效执行
2	展示短视频营销方案	用适当的形式将整理好的方案展示出来，如 PPT 等	（1）展示清晰 （2）重点突出
3	汇报短视频营销方案	展示本小组的短视频营销方案	（1）语言简洁，声音洪亮 （2）限时 5 分钟
4	拍摄短视频	按照短视频营销方案，拍摄出符合要求的短视频	短视频符合方案的要求
5	剪辑短视频	用剪映 App 对拍摄好的短视频进行剪辑	将短视频的重要内容通过音乐、文字更好地呈现出来
6	发布短视频	将拍摄好的短视频发布到短视频平台上	选择合适的短视频平台进行发布，能够吸引人们观看
7	小组互评	各个小组展示之后，小组之间相互评价	（1）认真听取纠正或补充 （2）为其他组提出意见和建议

问题情景 （一）

某写字楼附近的便利店想与商家合作推广一款自热小火锅，请思考应当以何种方式进行短视频营销。

提示：与商家合作拍摄该商品的展示视频、测评视频等，投放到平台上；鼓励在本店购买该商品的顾客发一些试用视频，传播给身边的好友。

问题情景 （二）

新大地便利店最近举办了一项发布自热小火锅测评即可获得 10 元代金券的活动，但是参与的顾客并不多，请分析可能存在的原因以及解决方法。

提示：可能是写字楼工作的顾客一般在办公室食用，不方便拍摄，或者小火锅存在一些食用上的不便，给顾客带来不好的体验。可以与商家商量改为收集商品意见的活动，进而改进商品。

五、学习结果评价

评价内容		评 价 标 准	评价结果（是/否）
活动完成情况	活动一	能完成自热小火锅短视频拍摄及发布	
	活动二	能重新策划短视频营销活动并完成视频拍摄及发布	

课后任务

（1）假如你的新零售服装店增加了美容美发区域，而你的店面位于一家大型旅游主题公园的附近，请思考你应当如何利用周围环境拍摄恰当的营销短视频。

（2）假设你经营着一家东南亚水果专营店，请利用周边现有条件拍一条短视频并投放到网上。

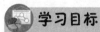

工作任务 3-3　　门店收银

职业能力 3-3-1　　能完成门店现金收银

核心·概念

收银员:操作收银机、银行卡设备,从事现金、支票、信用卡结算,为顾客开具销售单据、发票,并对本部门销售收入进行核算的人员。

学习目标

1. 知识目标
- 能够简述收银的基本流程。
- 能够理解扫描、消磁、装袋、收款等服务要求。

2. 能力目标
- 能够完成扫描机、收银机等店内收银设备操作。
- 能够完成消磁、装袋、收款等基本操作。

3. 素质目标
- 遵守财务准则,保证钱款安全。
- 形成按服务规范进行收银的意识。

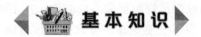

一、扫描工作

1. 扫描要求

收银员完成扫描工作,应达到如表 3-3-1 所示的要求。

表 3-3-1　收银扫描要求

要　求	具 体 内 容
快速扫描	以最快的速度扫描商品,熟悉一般商品的条形码印刷位置,保持印有条形码的包装面平整,条形码正对着扫描器或扫描枪
无多扫描	保证每件商品只被有效扫描一次,多扫描会导致顾客的重复付款而引起顾客投诉
无漏扫描	保证每件商品都被有效扫描过,漏扫描会直接造成商场损失

2. 特殊处理措施

在收银过程中的特殊处理措施如表 3-3-2 所示。

表 3-3-2　扫描特殊处理措施

特殊情况	原　因	处 理 措 施
条码失效	(1) 条码损坏、有污渍、磨损 (2) 条码印刷不完整、不清楚	(1) 在同样的商品中找到正确的商品条码,用手工扫描的方式解决 (2) 条码重新计价印刷
条码无效	(1) 编码错误 (2) 条形码重复使用	(1) 核实商品的售价,以价签方式售卖 (2) 记录情况并跟踪解决
多种条码	(1) 改变商品的包装,如买一送一 (2) 促销装商品的赠品条码有效	(1) 核实正确的条码 (2) 将所有非正确条码完全覆盖
无条码	(1) 商品本身无条码,自制条码脱落 (2) 商品条码丢失	(1) 找出正确的条码,手工扫描 (2) 检查剩余商品的条码

二、消磁工作

(1) 收银员应熟悉商品消磁的正确方法和有效消磁空间。

(2) 收银员应记住重点消磁的商品。

(3) 快速将每件已经扫描成功的商品进行消磁。

(4) 保证应消尽消,且每件商品都消磁成功,没有遗漏。

(5) 进行硬标签手工消磁时,不能损坏商品,应轻拿轻取。

三、装袋工作

购物袋尺寸有大小之分,收银员应根据商品的多少选择正确的购物袋,根据商品性质正确、科学地分类装袋。正确装袋不仅能提高服务水平和顾客满意度,还能体现尊重顾客、注重环保的理念。装袋过程中的处理措施如表 3-3-3 所示。

表 3-3-3　装袋处理措施

装袋情况	处 理 措 施
商品过重	分多个购物袋或多套一个购物袋
商品过大	向顾客解释因所购商品大小问题,不能装袋
袋子破裂	重新包装

四、收款工作

接受顾客付款时,必须以合适的音量说"收您××元""找您××元",此为唱收原则。点清所收的钱款后,必须将正确金额输入收银机中。接受现金付款时,必须对现金的真伪进行识别。

不同面值的现金必须放入收银机相应位置中,不能混放或错放。银行卡单及有价证券不能与现金混放。信用卡被验证有效之后，应把详细内容填写在销售单上。另外，还应当注意以下两点。

（1）所有收条必须给予顾客（除特别指示外）。

（2）收银员必须按公司的规定进行收款及登记，若因违反公司规定而造成损失，损失部分由该员工赔偿；

收款流程通常如图 3-3-1 所示。

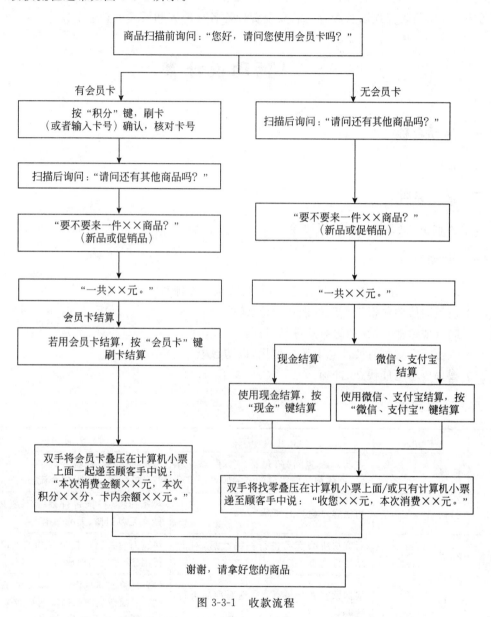

图 3-3-1　收款流程

五、收银时的服务细节

收银员还应注意服务细节，例如保持微笑，和顾客保持眼神接触，超过三名顾客在排队等候时安抚后面的顾客。

实习收银员必须在指导下在非繁忙时段收银,当实习收银员能够较熟练操作后,指导人员才能离开,但应随时提供帮助解决疑难问题。

六、其他服务

收银作业不只是单纯地为顾客结账,收银员收取了顾客的钱款后,也不代表整个销售过程就此结束。在小型新零售门店中,收银员在收银作业的流程中还承担着为顾客提供咨询、推广促销产品、预防损耗以及配合门店安全管理等各项前置和后续的管理工作。

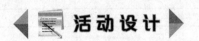 活动设计

一、活动名称

模拟收银。

二、活动条件

收银实训室、收银机、商品、练功券。

三、活动组织

(1) 3~5 人一组,其中一人担任组长,归纳收银工作流程。

(2) 组员间按照收银工作流程进行讨论、练习。

(3) 向其他组展示,其他组对其进行点评。

(4) 收银员在扫描时要注意电源的使用,以防触电。

(5) 扫描要尽可能快速、准确。

四、活动实施

序号	步骤	操作说明	服务标准
1	问候	主动向顾客问好,包括"您好"或"您好,这些都是您需要的商品吗?"	(1) 问候要有礼貌 (2) 与顾客保持眼神交流
2	扫描	扫描客户购买的商品	快速扫描(扫描每件商品不超过 5 秒)、无多扫描、无漏扫描
3	消磁	对客户所购商品进行扫描之后,对商品进行消磁	快速对每件已经扫描成功的商品进行消磁,并且消磁成功
4	装袋	根据顾客需求和商品属性对商品进行装袋	(1) 礼貌询问是否需要购买袋子 (2) 根据情况准确选择购物袋 (3) 正确、科学地分类装袋
5	报价	根据扫描商品总价告诉顾客一共××元钱	报价准确、清晰

续表

序号	步骤	操作说明	服务标准
6	询问顾客是否有会员卡	在收款之前,询问顾客是否需要会员卡,如果有的话,按照会员价进行结算,并积分	(1) 礼貌询问顾客 (2) 准确快速为顾客积分
7	收款	现金收付时应仔细查看钞票的真伪,清点现金的数额,将硬币和纸币分别放入钱柜相应的格子	(1) 礼貌询问顾客现金支付还是电子支付 (2) 按照唱收原则,点清钱款
8	打印并交付购物小票	收款后,打印出购物小票,并交给顾客核对,有问题及时解决,提醒客人核对好账单并带好自己的随身物品	快速、及时、准确地核对账单

问题情景（一）

某便利店店员在收银时,发现从顾客处收到的是一张假币,请问应当如何处置。

提示:向对方表示歉意并请对方换张钞票,如果对方故意为之,可以先报告上级,后调取监控并报警。

问题情景（二）

某顾客误看了商品标牌,认为打折的一件衣服在付款时显示为非打折商品,该顾客决定不要了,请问收银员应该如何处理。

提示:将该商品从收款科目中删去,重新进行结账。

五、学习结果评价

评价内容		评价标准	评价结果(是/否)
活动完成情况	活动一	能够正确完成收银操作 能够及时识别假币 能够按规范流程处理假币	
	活动二	能够正确完成收银操作 能够合理向顾客进行解释 能够正确处理顾客退货	

课后任务

（1）假如你是某个居民小区便利店的店长,你的店员在工作中出现找错钱的情况,顾客到店里来投诉,你该如何处理。

（2）背诵并简述收银的基本流程,解释扫描、消磁、装袋的处理措施。

职业能力 3-3-2　能完成门店数字化支付管理

核心·概念

数字化支付:借助计算机、智能设备等硬件设施和通信技术、人工智能和信息安全等数字科技手段实现的支付方式。例如微信、支付宝以及正在试验的数字货币等。

学习目标

1. 知识目标
- 能够简述数字化支付的类型。
- 能够概括说明数字化支付的优点。

2. 能力目标
- 能够独立完成第三方支付的收银。
- 能够独立完成数字货币的收银。

3. 素质目标
- 遵守财经纪律,养成遵纪守法的良好职业习惯。
- 形成应对数字化支付突发情况的责任意识。

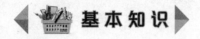

一、数字化支付与传统支付的对比

1. 传统现金支付的主要缺点

(1) 收银员要面对假币、残币风险。

(2) 门店的现金营业款有保管风险。

(3) 繁杂反复的找零动作和存取款工作增加收银员的工作量。

(4) 为了找零,门店要准备大量零钱。

2. 数字化支付主要的优点

(1) 简化结账流程、加快结账速度。

(2) 费率基本与银行刷卡费率持平或者更低。

(3) 有利于通过移动端公告进行有针对性的营销。

二、第三方支付

支付宝支付、微信支付是日常生活中常见的第三方支付,主要通过扫描二维码来实现。

1. 静态二维码支付

静态二维码支付是将个人微信、支付宝等收款二维码打印出来,让顾客主动扫二维码输入金额支付,如图 3-3-2 所示。

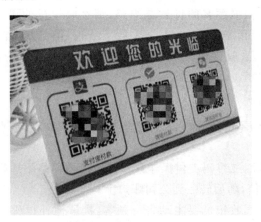

图 3-3-2 静态二维码支付

2.动态二维码支付

动态二维码每分钟都会自动更新,并且二维码仅一次有效,安全系数较高。在可使用线上微信/支付宝钱包条码支付的新零售门店,用户打开支付客户端,展示条码,店员用扫描枪扫一下,即可完成收款,如图 3-3-3 所示。

图 3-3-3 动态二维码支付

一些新零售店家也在尝试与支付平台开展深度合作,简化数字化支付的流程,例如,全家与支付宝合作,将会员卡与储值卡电子化。用户通过支付宝钱包就能领取全家的会员卡,享受会员权益,包括积分和会员商品。

3.数字货币支付

数字货币是电子货币形式的替代货币,包括数字人民币。

数字人民币是由中国人民银行发行的数字形式的法定货币,由指定运营机构参与运营并向公众兑换,以广义账户体系为基础,支持银行账户松耦合功能,与纸钞硬币等价,具有价值特征和法偿性,支持可控匿名。

顾客使用数字人民币付款时,收银员可以引导顾客登录"数字人民币 App",然后点击个人数字钱包,点击右上角"扫码付",即可扫描商户收款码付款。

若需要收银员主动扫描顾客的付款二维码,那么收银员的操作则分为三步:第一步,提示顾客登录"数字人民币 App",点击个人数字钱包;第二步,点击"上滑付款",界面会显示向商家付款;第三步,收银员用扫描枪直接扫描顾客展示的付款二维码,确认收款到账。

4. 特殊情况处理

(1)当店内扫描机器不能使用时,可以准备二维码张贴在收银点,请顾客扫描支付并确保顾客完成支付。

(2)当店内机器故障,二维码支付操作异常或者店内网络不通畅时,可以请顾客先支付到店长的支付宝或者微信,随后转账到公司账户上。

(3)当顾客少付钱时,收银员要主动告诉顾客,提醒他补付所需金额,可以说:"不好意思,您这边总共消费××元,刚刚您支付了××元,还差××元未支付,请您补一下。"

(4)当顾客多付钱时,收银员应将顾客多付的金额退还给顾客,并说:"您这边总共消费××元,系统显示您刚刚支付了××元,多收了您××元,这边给您退××元,请收好。"

5. 数字化收银的注意事项

数字化收银应当注意保证店内收银二维码无误或者收银机器正常运转,也要注意收银人员的操作步骤正确,确保收银准确到账,并且确保店内网络通畅,切忌出现扫描或跳转需要较长时间,或者扫描之后不能立即到账,导致顾客没有结账就离开,不仅给店内造成损失,而且会给顾客造成不好的体验。

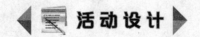

活 动 设 计

一、活动名称

模拟自助数字化收银。

二、活动条件

收银实训室、计算机、收银台、自助收银机、扫描枪、商品、练功券。

三、活动组织

(1)3～5人一组,其中一人担任组长,其他人分别扮演顾客、收银员,学习数字化收银过程。

(2)小组成员练习数字化收银。

(3)向其他组展示,其他组对其进行点评。

(4)收银时,收银员要看清楚顾客的消费金额,不要多收或少收钱。

(5)对收银相关机器的操作方法要熟练,尽量不耽误顾客的时间。

四、活动实施

序号	步 骤	操作说明	服务标准
1	引导顾客	主动引导购物完的顾客前往自助收银台支付	沟通热情,有礼貌
2	平台帮助	如需使用门店 App,协助引导顾客在手机应用商店搜索门店 App,下载安装并输入顾客相关信息进行注册登录	有礼貌并准确指导顾客下载并登录门店 App
3	商品扫码协助	(1) 提示顾客: ① 将商品二维码要对齐扫描窗口 ② 购买的商品不要多扫或者漏扫,注意核对商品数量 ③ 在支付完成后可以选择打印购物小票 (2) 协助顾客完成部分商品解锁消磁	(1) 注意观察现场顾客支付情况 (2) 及时处理支付中的意外情况
4	支付协助	(1) 当顾客选择使用支付宝或微信支付时,如果顾客不能及时打开付款二维码,收银员要引导顾客打开付款二维码 (2) 使用数字货币支付时,如果顾客还没下载好数字货币 App,可以帮助顾客下载并注册登录,并引导顾客在相应 App 打开付款二维码	顾客在输入支付密码时,收银员的眼神要避开手机屏幕,以保护顾客的隐私
5	核验放行	顾客拿到购物小票之后,在超市门口经验票员核验之后即可离开	准确核验,在购物小票上盖章

问题情景（一）

某便利店店员在进行数字化收银时,收银机器发生故障,无法扫描顾客的二维码,请问此时应当如何处理。

提示:重启机器,申请备用机器;向上级申请是否可以由顾客付款给店长,然后由店长转到公司账户。

问题情景（二）

某社区便利店安装了几台自助收银机,可以扫码支付,但是有的老年顾客不会使用这些机器,经常排队等待现金支付,请讨论如何解决这一问题。

提示:在自助收银机旁边张贴简洁明显的使用流程海报,在自助收银机旁边安排一个店员进行引导提醒。

五、学习结果评价

评价内容		评 价 标 准	评价结果(是/否)
活动完成情况	活动一	能正确处理数字化收银过程中出现的异常情况	
	活动二	能正确帮助老年顾客完成付款	

课后任务

假如你是一个新零售便利店的店员,在店内主要负责的是收银工作。某日正直午间购物的高峰期间,你在支付操作中发现一批便当的条码价格和货架价格有差异,自助付款发生混乱,顾客十分焦急。

(1)请说出你的处理方法及理由。

(2)请写出你安抚顾客的主要服务用语。

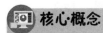 **工作任务 3-4** **门店配送**

职业能力 3-4-1　能根据商品属性分拣、包装商品

 核心·概念

分拣商品:将商品按属性、出入库的先后顺序、分拣要求,进行挑拣和堆放。

学习目标

1. 知识目标
- 能够概述生鲜、食品、百货商品的分类。
- 能够概述常用的包装材料类型及商品包装要求。

2. 能力目标
- 能够分拣商品。
- 能够包装商品。

3. 素质目标
- 树立成本和安全观念。
- 养成节约资源的环保意识。

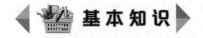 **基 本 知 识**

一、常见商品的分类

商品种类繁多,不同类别的商品有不同的分拣要求。新零售门店一般可以根据商品用途、原材料、生产方法等进行分类,如表 3-4-1～表 3-4-3 是某大型综合门店的部分商品分类,分别从生鲜类食品商品、非生鲜类食品商品及百货类商品角度再进行细分。

表 3-4-1　生鲜类食品商品分类

品类	举　　例
肉类	猪肉及猪肉加工品、牛肉及牛肉加工品、禽类及禽类加工品、羊肉及羊肉加工品等
水产类	淡水鱼类、海水鱼类、虾蟹贝龟、水产制品等
果蔬类	蔬菜、水果、干菜等

表 3-4-2　非生鲜类食品商品分类

品　类	细　分	举　例
袋装食品	休闲食品	膨化食品、干果炒货、果脯蜜饯、肉脯食品、鱼片等
	饼干糕点	饼干、派类、糕点、曲奇等
	冲调食品	奶、豆粉、麦片、茶叶、餐糊等
	糖果	巧克力、硬糖、软糖、果冻等
散装食品	散货食品	散装蜜饯、散装干果、散装糖果、散装干货、散装茶叶、散装糕点、散装粮
	自制加工	面包西点、主食面点、熟食制品、素食制品、半成品等
酒水饮料	饮料	碳酸饮料、饮用水、果汁、功能饮料、茶饮、咖啡、常温奶品等
	酒类	国产白酒、葡萄/色酒、啤酒、功能酒、进口酒等

表 3-4-3　百货类商品分类

品　类	细　分	举　例
洗涤日化	个人洗护	洗浴用品、洗发用品、美发护发、美容化妆、润护品、功能液、婴幼洗护用品等
	清洁用品	洗衣粉、洗衣液、洗衣皂、衣物护理、居室清洁剂、厨房清洁剂、浴厕清洁剂、皮革养护剂等
	杀虫芳香类	杀虫剂、杀虫器具、防虫用品、芳香剂、樟脑丸、除湿用品等
文体百货	文化办公	文具、纸张本册、档案用品、办公器材、通信器材、工艺/礼品等
	体育娱乐	娱乐用品、球类球具、运动器材、健身器材、保健器械等
家居百货	家用电器	冰箱、空调、洗衣机、电饭煲、热水器、液晶电视、吸尘器等
	日用品	餐/面/湿巾、卫生巾、家用卷纸、垃圾袋、雨具伞具、茶具等
	厨房用品	厨具、碗筷、刀叉、吸油纸、橱柜等
	休闲用品	拼装家具、室内装饰、工艺盆栽、渔具等

二、常见的分拣方法

1. 摘果式分拣

1）摘果式分拣的原理

摘果式分拣法是针对每一份订单或客户,拣货人员或设备巡回于各个货物储位,将所需的货物取出。

2）摘果式分拣的特点

(1) 摘果式分拣法准确程度较高,机动灵活。

(2) 每人每次只处理一份订单或一个客户。

3）摘果式分拣的作业流程

(1) 补货。将商品从仓库送至分拣区。

(2) 沿线拣选。分拣人员将商品取出,放入沿着分拣流水线移动的周转箱中。

(3) 复核装箱。拣选结束后,对已经装入周转箱的商品进行核对(品种、数量等),有时还需要换箱装货。

(4) 集货待运。把已经复核装箱完毕的商品送到发货区,等待运出。

2. 播种式分拣

1) 播种式分拣原理

播种式分拣是把多份订单或多个客户的订货需求集合成一个批次,把其中每种商品的数量分别汇总,再逐个品种对所有订单进行分货,也可称其为"商品汇总分播"。

2) 播种式分拣的特点

(1) 一次处理多个订单。

(2) 需提前规划好配货货位,统计商品数量。

(3) 操作时集中取出、分拣配货。

(4) 分拣操作难度较大,计划性较强,容易发生错误。

3) 播种式分拣的作业流程

(1) 汇总拣货。分拣人员将所需商品全部从库中拣出并送到分拣区,再逐个放到分拣线上。

(2) 沿线分货。分拣人员将商品从流水线上取下,放入沿着分拣流水线移动的周转箱中,并进行复核、装箱。

(3) 整装待运。把已经复核装箱完毕的商品送至发货区,等待运出。

3. 分拣方法的差异

以上两种方法的差异如表 3-4-4 所示。

表 3-4-4 摘果式分拣法与播种式分拣法的差异

项 目	摘果式分拣法	播种式分拣法
补货(汇总拣货)	作业量大,耗时长,工作时常需要暂停分拣	作业量小,耗时短,可实现连续分拣
沿线挑选(沿线分货)	流水线长度大,周转箱的移动速度慢。	有时需要换箱,通常需要进行数量复核
复核装箱	需要逐一核对数量、种类,可能需要重新装箱	不需要专门进行复核,在沿线分货步骤中已完成
整装代运	二者无差别	

对于员工素质高、工作能力强、规模大、订单多的门店,使用播种式分拣法效率高。反之,则采用摘果式分拣法,这一方法在员工工作认真的前提下也可以达到良好效果。

三、包装

1. 商品包装材料

1) 外包装材料

(1) 纸箱。一般是用瓦楞纸板经过模切、压痕、钉箱或粘箱制成。纸盒包装成本相对较高,且防水性差,但由于其具有可回收性,对环境污染小,大部分包装都会选择纸箱。

(2) 塑料袋(膜)。相较于纸箱包装,塑料包装成本较低。塑料膜通常以乙烯为母料通过聚合反应制成,制作材质分为聚乙烯(PE)、聚氯乙烯(PVC)、聚偏二氯乙烯(PVDC)等,保鲜膜是一种常见的塑料膜包装材料,可用于生鲜及熟食的包装。塑料袋是以塑料(常用塑料有聚丙烯、聚酯、尼龙等)为主要原料制成的袋子,由于其可回收性差,对环境污染大,正在逐步退出零售市场。

(3)封箱胶纸。适用于普通产品包装、封箱粘接、礼品包装等,具有韧性强、质量轻等特点,可防止运输过程中产品外漏或破损。

2)内衬垫材料

(1)气泡膜。气泡膜是通过向薄膜内充入空气形成气囊,用来防止产品撞击,具有防震缓冲的作用,有的还具有保温隔热的作用。气泡膜可根据商品制作成片材、卷材、平口袋、信封袋等多种款式,如图3-4-1所示。

(2)气柱袋。气柱袋是将气柱形状的卷料做成袋型,用于防震缓冲。可根据被包装的产品形状以及需要的保护程度选择"Q"形袋、"L"形袋、"U"形袋,如图3-4-2所示。

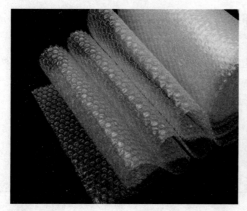
图 3-4-1 气泡膜

图 3-4-2 气柱袋

(3)泡沫。常用的有泡沫板、泡沫网套在商品受到震荡或坠落地面时,能起到缓冲、防震的作用,多用于水果的包装,如图3-4-3所示。

(4)珍珠棉。此填充物体积小、有弹性,用于填充包装空隙或稳定易碎物品,以保障商品的运输安全,如图3-4-4所示。

图 3-4-3 泡沫套网

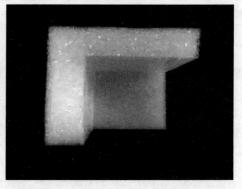
图 3-4-4 珍珠棉

2. 商品的包装原则

（1）实用性原则。以服务消费者为出发点，以较低成本创造出产品的最大价值。

（2）便利性原则。便于消费者使用，节约时间，提高效率。

（3）环保性原则。包装的设计对人体无害且不会污染环境，促进可持续发展。

包装商品强调适当、合理，适当的包装，即适合商品的属性和配送要求；合理的包装，即符合标准的包装方式。

3. 商品的包装方法

对于不同种类的商品，需要使用不同的包装方法，以保证不会对商品品质造成损害。常见生鲜类食品商品的包装要求如表 3-4-5 所示，非生鲜类食品商品的包装要求如表 3-4-6 所示，常见百货类商品的包装要求如表 3-4-7 所示。

表 3-4-5 生鲜类食品商品的包装要求

商品种类	包 装 要 求
肉类	（1）严格隔绝氧气，可使用阻隔氧气的薄膜材料包装 （2）使用耐寒材料，确保包装袋在低温下储存肉类时不会变形 （3）包装袋上需要注明商品详细信息
水产品类	（1）对于风干后的水产品，包装需要防湿、防潮，以防商品的口味发生变化 （2）严格隔绝氧气，可使用阻隔氧气的薄膜材料包装 （3）由于水产品极易受热腐败，可使用具有短期降温功能的材料包装 （4）包装袋上需要注明商品详细信息
果蔬类	（1）对于叶菜类，在包装前需要先去泥、去根，去掉黄叶、烂叶 （2）对于根茎类，在包装前需要将泥土洗净 （3）对于茄果类，要使用具有抗压作用的包装材料，如泡沫网、气柱袋等，且在包装时要留有一定空间，防止因受压而出现压伤 （4）在包装时，应将果蔬头、尾整理成同方向后再包装 （5）包装袋上需要注明商品详细信息

表 3-4-6 非生鲜类食品商品的包装要求

商品种类	包 装 要 求
袋装食品	（1）在称重价签上标明食品的名称、生产批号或者生产日期、保质期以及生产经营者名称、地址、联系方式等内容 （2）根据食品特性放入食品包装袋或食品包装盒中
散装食品	（1）将食品盛放在食品保鲜袋内，加贴"散装食品标识牌"，标明食品的名称、生产日期或者生产批号、保质期以及生产经营者名称、地址、联系方式等内容，所标信息要和该批次产品合格证或产品大包装上标注的信息一致 （2）在称重价签上标明包装日期
酒水类	（1）散装的白酒、啤酒、葡萄酒，一般使用玻璃瓶进行包装。散装的米酒、料酒既可以使用玻璃瓶，也可以使用塑料瓶。包装上应注有生产厂家、品名、规格、批号、瓶数、生产日期、保质期、酒精度数以及合格证明等，如果需要装箱，箱子上还需标有"小心轻放""怕潮""向上"等字样以及标志 （2）对于成品瓶装（玻璃或者塑料）酒类，需先检查瓶身有无裂痕、渗漏，确保玻璃瓶上没有气泡及裂纹。然后在封口处缠裹塑料薄膜，防止渗漏，再包裹上气泡膜或是气柱袋

续表

商品种类	包 装 要 求
饮料类	(1) 对于成品瓶装(玻璃或者塑料)饮料,包装要求同酒类 (2) 对于罐装饮料,要确保金属罐表面洁净,保证封口、罐身均匀无变形。整件无须包装,散件可使用封口胶带简单固定。如果罐身硬度大,也可不做任何包装。对于价值较高的商品或者礼盒装商品,可选用纸箱和填充物,如珍珠棉、气柱袋、泡沫板等进行包装 (3) 袋装饮料的包装要确保洁净、无毒、无异味,包装袋封口应密封严密,标明各项商品信息。可用塑料薄膜或者胶带捆扎固定后,再放入塑料袋或包装袋

表 3-4-7　常见百货类商品的包装要求

商品种类	包 装 要 求
洗涤日化	(1) 个人洗护、家用清洁日化产品多数呈现为液体、乳液体或膏状,一般为塑瓶包装,以PET、PE为主材料,并在封口处缠裹塑料薄膜,防止渗漏 (2) 杀虫芳香类商品多有毒、有腐蚀性,包装时应从封口处开始对整个商品缠裹塑料薄膜,防止渗漏和与其他商品接触,再包裹上气泡膜或是气柱袋。包装必须能确保与其他商品完全隔绝接触,特别是避免与食品类商品直接接触。应先包装其他类商品,最后包装杀虫芳香类商品,包装完成后还需要清洁手部,确保手上无残留
文体、家居百货	根据而商品的大小、价值、特性,常用纸盒、塑料包装

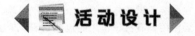 活 动 设 计 ▶

一、活动名称

商品分拣、包装。

二、活动条件

气泡膜、气柱袋、封箱胶纸、保鲜膜、塑料袋、纸箱、剪刀、模拟商品(酒水饮料、生鲜食品、百货)。

三、活动组织

(1) 4~6人一组,其中2~3人实际分拣,另外2~3人负责计时、监督、检查,交替轮换。

(2) 分拣人员按照订单分别进行摘果式和播种式分拣。

(3) 30分钟分拣操作后,进入包装操作。

(4) 小组练习结束后,各组派一名代表进行方案讲解和展示,小组互相评分。

四、活动实施

序号	步骤	操作说明	服务标准
1	商品分拣实训	(1) 分拣员按照订单进行分拣 (2) 分拣员进行摘果式分拣 (3) 分拣员进行播种式分拣 (4) 分拣员将拣好的商品放入周转箱	(1) 迅速、准确,不损坏商品 (2) 不出现错拣、漏拣,避免不同品类的商品混放 (3) 明确摘果式和播种式两种不同分拣方法,并且有效运用 (4) 限时 20 分钟
2	商品包装实训	(1) 根据商品类型进行分类 (2) 根据商品类型的不同选择不同的包装材料和方法 例如"甜瓜""葡萄酒""杀虫剂" "甜瓜"要使用具有抗压作用的包装材料,如气柱袋,且在包装时要留一定空间,防止出现压伤 "葡萄酒"要确保玻璃瓶洁净、透明,瓶上不允许有气泡及炸裂纹,使用气泡膜或者气柱袋包装 "杀虫剂"要注意抗压、防爆,包装后要与其他商品进行隔离,避免直接接触食品,可以使用塑料膜包裹瓶身,再放入气柱袋	(1) 对于生鲜类商品,要注意隔绝氧气、防潮、去烂叶等 (2) 酒水类商品的包装要注意使用合适的包装瓶,注意密封 (3) 商品包装上要详细标明相关信息 (4) 有毒、有害、腐蚀性强的商品,要选择质量较好的塑料膜。防止有毒物质挥发 (5) 限时 20 分钟
3	团队展示	各小组派出一名代表进行分拣和包装展示	能使用两种分拣方法,正确拣选出订单中的商品
4	团队互评	各个小组展示之后,小组之间相互评价	(1) 接受其他组的纠正或补充 (2) 听取其他组的介绍,并能给出自己的意见和建议

问题情景 （一）

　　某大型门店近期开始投入运营,顾客所需订单商品信息如下,请你通过计时实测的方式,判断摘果式和播种式哪种分拣方法更优?

序号	客户	订单内容
1	A	洗发露 1 瓶、大米 1 袋、洗衣皂 3 块、葡萄 500g、原味薯片 1 袋、玻璃杯 2 个、光明牛奶 2 盒
2	B	牛奶 1 盒、核桃 300g、鱿鱼 500g、玉米香肠 1 袋、巧克力 2 袋、青菜 500g、洗衣皂 2 块
3	C	牛奶 1 盒、空气清新剂 1 瓶、茄子 1kg、生姜 200g、葡萄 250g、大米 1 袋、巧克力 2 袋、原味薯片 2 袋、洗发露 1 瓶

提示:考虑订单内容和订单商品的类型。

问题情景 （二）

　　某新零售门店客户订单如下，请按照订单分拣后，选取合适的包装，包装配送。

客户	W		要求	当天配送
序号	品名			数量
1	榴莲（要求剥好果肉的）100g			1
2	散装的玫瑰花茶 100g			1
3	冷冻的虾 500g			1
4	新鲜的叶菜 500g			1
5	张裕干红 500mL			2

　　提示：考虑不同类型商品的包装要求。

五、学习结果评价

评价内容		评 价 标 准	评价结果（是/否）
活动完成情况	活动一	能熟练运用摘果式、播种式分拣方法 能根据不同的商品类型选择合适的包装材料	
	活动二	能针对不同类型酒水饮料进行正确包装 能对不同类型的冷冻品进行正确包装 能针对不同类型的新鲜水果进行正确包装	

课后任务

　　如果你是一家新零售门店的店员，两位客户下单了如下商品，请判断选用摘果分拣法还是播种分拣法速度更快，简要说明理由。

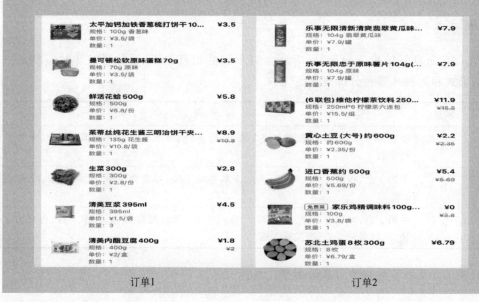

订单1　　　　　　　　　　　　　　　　订单2

职业能力 3-4-2 能完成商品配送与交接

核心·概念

商品配送与交接:门店将分拣包装好的商品通过门店配送或客户上门自提的方式交付给顾客。

核销:审核、销账,是门店员工对客户信息进行审核,交付商品,改变订单状态,最终完成订单的过程。

学习目标

1.知识目标
- 能够解释门店配送方式和配送区域划分依据。
- 能够说明门店配送基本流程。

2.能力目标
- 能够配合完成商品的配送。
- 能够独立完成商品自提的核销。

3.素质目标
- 形成主动提升服务质量的意识。
- 养成严格遵守配送纪律的良好作风。

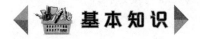

一、门店配送

1.配送方式

1)传统人工配送

顾客在门店网站下单,商品先拣到门店处理中心,录入信息后由配送人员进行配送,配送路线依赖于配送人员的经验。当门店数量、客户订单数量增加、配送路线越来越复杂时,这种配送方式会降低门店的工作效率,增加门店配送成本,甚至会出现无法按时配送的情况。

2)智能系统配送

智能系统配送有以下特点。

(1)系统根据人工设置的参数进行计算,综合考虑附近配送员的实时位置和订单信息,将订单分配给距离最近的配送员。

(2)系统采用"先集中,再分配"的方式,将配送员分为两部分,一部分配送员在出库区取出商品,然后分区域放置在中转站,另一部分配送员将商品从中转站送至目的地。

（3）系统能够自动记录配送员的配送情况记录，并对配送员的配送情况进行综合评价，根据评价结果为不同的配送员分配不同难易程度的任务。

（4）系统具有实时定位功能，能够根据配送员在地图上的信息判断配送员的工作情况，方便门店管理者进行监管。

2. 配送区域划分依据

在客户对配送时效性要求越来越高的趋势下，应依据以下条件，划分合理的配送区域，提高配送的效率。

1）考虑道路限制

在划分配送区域时，要充分考虑道路情况。例如，若某门店以半径 3km 为配送范围，有某小区与门店间隔着一条河，虽在范围内，但需绕行，此时，虽然小区不在另一个门店的配送范围内，但该店到小区的道路交通状况良好，距离在合理范围内，则可以考虑将该小区划到另一门店配送范围。

2）考虑商品销售情况

配送区域需要根据时间、商品销售情况、商品目标人群的变化不断进行调整。例如某种商品的销售具有较强季节性，在春秋季的销量高，而在夏冬季销量少，对于这种情况可以适当增加春秋季的商品配送范围，同时增加人力投入；适当减少夏冬季的配送范围或只保留销量相对较高地区，同时减少人力投入。

3）做到同小区全覆盖

在划分配送区域时，要将同一个小区划分至同一个门店的配送范围内。这样可以节约门店配送所需的人力资源，且易于维持配送秩序。

3. 配送流程

在新零售模式下，顾客在网店小程序或 App 上下单后，系统自动定位到离顾客最近的门店，再由门店进行配送。

4. 上门自提

除配送外，门店也允许客户在下单购买商品之后上门自提。上门自提时需要店员核销商品订单，核销商品订单的步骤如下。

1）添加员工核销权限

（1）在进入平台后，单击门店管理，在右侧弹出的窗口处单击店员管理，再单击新增选项，如图 3-4-5、图 3-4-6 所示。

（2）在单击新增之后进入店员添加页面，依次选择用户、选择店员所属门店、输入店员的姓名和手机号，并将店员状态调为"启用"，最后单击提交。完成后，该员工就具有了核销资格。

2）使用核销码进行核销

客户上门自提时，出示核销二维码，核销员工打开手机微信，使用"扫一扫"，扫描客户出示的二维码，扫描完成之后客户手机将跳转至核销成功页面，如图 3-4-7 所示。

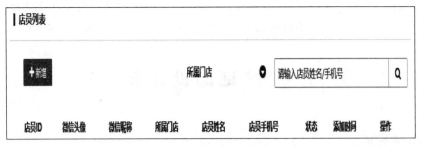

图 3-4-5　门店管理界面

图 3-4-6　"添加店员"界面

图 3-4-7　核销成功页面

3）系统手动核销

对于某些无法出示核销码的客户，核销员工首先需要对其身份进行确认，之后使用平台进行系统手动核销。

（1）单击订单管理，在右侧弹出的窗口单击全部订单，打开订单管理界面，如图 3-4-8 所示。

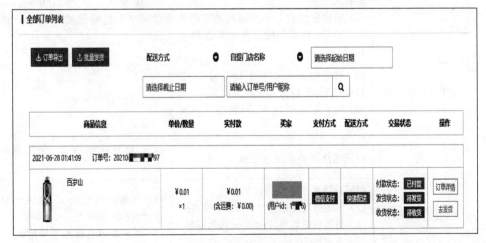

图 3-4-8　订单管理界面

（2）核销员工根据客户的个人信息查找相应订单，若订单显示交易状态为已付款、未发货状态，则可以进行核销。核销完成之后，该订单的交易状态会变成已收货。

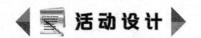 **活动设计**

一、活动名称

商品配送及自提核销。

二、活动条件

地图软件、白纸、笔、尺子、门店订单、商品。

三、活动组织

（1）6～8人一组，分别扮演三家门店的员工与顾客。
（2）开展小组讨论，划分出门店的配送范围，将订单分配到门店，对订单配送顺序进行排序。
（3）对顾客上门自提的订单进行核销处理。
（4）各组进行讲解和展示。

四、活动实施

序号	步骤	操作说明	服务标准
1	绘制配送范围	（1）在地图上找到门店所在的位置，画出3km半径的范围 （2）仔细查看地图，结合道路交通状况、门店位置，确定最终的配送范围，并在地图上绘制	考虑道路限制、商品销售情况、同小区覆盖等
2	分派配送订单	（1）仔细查看订单配送地址，结合绘制好的三家门店的配送范围，确定订单能否配送 （2）将能配送的订单按照配送范围分派到门店，对不能配送的订单作简要说明	（1）准确分拣出能够配送的订单，并根据配送范围分派订单到门店 （2）对不能配送的订单进行清楚说明
3	优化门店配送线路	（1）根据约定送达时间、商品特性、客户要求等，排列出大致配送顺序 （2）结合配送地址布局，制定具体配送路线	考虑订单特点及其分布
4	模拟配送	按配送路线将商品送至顾客手中	接单、商品拿取、配送、销单均准确无误
5	上门自提核销	（1）指导客户使用核销码 （2）员工确定订单内容，拣选、查验商品 （3）扫码核销订单，将商品交接给顾客 （4）送别顾客	（1）快速调出核销码，准确核对信息，精准销单 （2）注重服务礼仪和礼貌用语

续表

序号	步 骤	操 作 说 明	服 务 标 准
6	总结分享	(1)各小组派出一名代表总结活动的完成情况和存在的问题 (2)互相点评各小组的活动完成效果	(1)总结问题到位 (2)能够客观评价别人,真诚分享经验和建议

问题情景 一

某门店原配送范围确定为半径3km以内,但由于城市建设轻轨,封闭了门店前的道路,导致门店客流量大幅减少。据了解,轻轨建设周期很长,道路封闭时间要持续一年以上,请问你作为店长,应该怎么做?

提示:合理调整配送区域。

问题情景 二

门店配送范围内,新开了几家餐饮店,加之天气渐热,按照经验,这一时期各类饮料的销量会明显增加,大容量和整箱的配送订单激增,且18点以后常有大量的酒水、饮料的配送订单。目前,门店主要使用电动车配送,由于酒水、饮料的需求量大,占位也较大,导致配送效率下降,为了应对这一情况,身为店长的你可以怎么做?

提示:灵活安排配送人员、配送车辆,优化配送路线。

五、学习结果评价

评价内容		评 价 标 准	评价结果(是/否)
活动完成情况	活动一	能合理划分配送区域	
	活动二	能优化配送路线	

课后任务

(1)作为新零售代表性企业,盒马鲜生的配送智能调度,号称能实现全年配送零故障。请认真观看"盒马鲜生流程纪实"视频,整理写出盒马鲜生的具体配送流程。

(2)请收集相关资料,整理对比京东与苏宁商品配送的特点。

职业能力 3-4-3 能对健康库存进行管理

核心概念

库存:经过生产、检验等工序后存入门店仓库并处于待售状态的商品。

库存管理:门店通过一定的方式对所需资源进行合理配置的过程。

健康库存:结构合理、配置合理、周转正常的库存。

1. 知识目标

• 能够解释 ABC 分类库存控制法。

• 能够正确评价商品的健康库存。

2. 能力目标

• 能够计算库存停滞率、库存周转率和库存动销率。

• 能够制订库存清点计划并开展商品健康库存管理。

3. 素质目标

• 认识门店库存结构、配置、周转合理的重要性。

• 遵守健康库存管理制度,重视门店商品的库存管理工作。

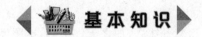

基 本 知 识

一、衡量健康库存

在对健康库存进行管理之前,需要确定库存的健康度。库存健康度可以通过库存停滞率、库存周转率和库存动销率三个指标来衡量。

1. 库存停滞率

库存停滞率是指在某时间段的停滞库存金额占总库存金额的比率。判断停滞库存有以下三种方式。

(1) 在门店停留时间过长,长时间未被售出的商品所占的库存。

(2) 预期销量不理想商品所占的库存。

(3) 虽然销量大,但库存量也特别大,以至于无法卖完的商品。

库存停滞率的计算公式为

$$库存停滞率 = 停滞库存金额 \div 总库存金额 \times 100\%$$

其中,记录停滞库存金额和总库存金额的时间应当相同。例如,一家门店有长时间未售出的商品 A,据统计,本月滞销商品 A 的库存金额共计 5 000 元,本月该门店库存所有商品的总金额为 20 000 元。用上述公式计算出停滞率为 5 000 ÷ 20 000 × 100% = 25%。

通过库存停滞率可以直接确定库存的健康度。库存停滞率越低,库存越健康。

2. 库存周转率

库存周转率是指某段时间内的出库总金额(总数量)与库存平均金额(或数量)的比。它是商品在一定期间(一年或半年)库存周转的速度。其计算公式为

$$库存周转率 = 销售(营业)成本 \div 平均库存$$

库存周转率是在某一时间段内库存货物周转的次数,是反映库存周转快慢程度的指标。关于库存周转率计算公式,特别说明以下几点。

(1) 销售(营业)成本均使用金额而不是数量。

（2）分子使用的是成本而不是收入。

（3）平均库存计算最常用的是期初库存价值加期末库存价值除以2，是金额而不是数量。

例如，L公司当年营业成本为360万元，当年年初存货余额为90万元，年末存货余额为110万元，则其存货周转率为360÷[（90＋110）÷2]＝3.6。

库存周转率通过库存流动的速度衡量库存的健康度。一般情况下，库存周转率越高，库存越健康。

3. 库存动销率

库存动销率是指在一段时间内门店处在销售活跃状态的商品品种数与门店销售商品总数的比率。其计算公式为

$$库存动销率＝动销总品种数÷门店经营总品种数×100\%$$

其中，动销总品种数是正常销售出库的商品数量，包括退库商品数量。对于因损坏或发生其他情况而无法正常出库的商品数量则不包括在内。例如，一家门店正常销售出库的商品数量共计2 800件，该门店商品品种总数为2 900件。用上述公式计算出库存动销率为2 800÷2 900×100\%＝96.55\%。

一般情况下，库存动销率越高，库存越健康，但也不宜过高。若库存动销率过高，可能是库存管理中某一环节出现故障造成门店缺货。库存动销率与库存停滞率成负相关，即库存动销率越低，停滞率越高。

二、管理健康库存

1. 制定有效的监管方案。库存监管方案的制订需要遵循以下原则。

1）定期监控商品数量

要使商品库存健康，必须定期监测库存停滞率、库存周转率和库存动销率三个指标，根据指标数据随时调整经营策略。

2）定期监管商品质量

对库存商品进行定期检查，包括是否过期、涨袋、破损等。对于直接暴露在空气中的商品，需要对其进行抽样检查，检查是否有发霉、褪色、掉漆等现象。若出现上述情况，除将问题商品上报并进行统一处理外，还需根据不同商品的属性以及仓库环境的测量数据对商品的存储方式进行及时调整。

3）定期监管库存空间

在门店实际运营的过程中，常常会因为从仓库中取货过于仓促导致仓库商品摆放位置的变化，造成很多不必要的空间浪费。定期监管库存空间，可以及时发现由于商品摆放不规范造成的空间浪费，对这些空间重新加以利用，可以大大增加仓库的有效存储空间。

4）定期监管仓库安全

仓库中存放的不同种类商品堆放在一起可能会产生化学反应，一些因疏忽而遗留下的危险物品都可能存在安全隐患。定期检查有利于及时发现这些危险因素，防止意外发生。仓库中留有安全区域和通道，定期检查可以及时清除这些区域的障碍，在危险发生时提高生存概率。

2. 制订库存清点计划

一般门店的库存商品数量大、种类多。库存商品清点包括数量清点、质量清点、废品清

点等方面,工作量大、难度高,故需要制订商品清点计划,以提高工作效率。

制订库存清点计划的流程如图 3-4-9 所示。

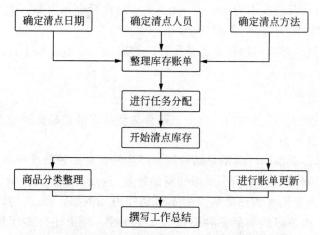

图 3-4-9　制订库存清点计划的流程

在开始库存清点前,需要对清点人员进行核查,以免操作不当造成失误。在制订库存清点计划时,需要考虑参与人员数量是否充足、清点计划安排是否符合实际、在清点过程中使用的方法是否得当等因素。

3. 进行动态化库存管理

对库存使用动态化管理模式,不仅能够加大门店库存空间的利用率、使门店运营流畅,还有利于及时发现滞销品,提高门店收益。对于门店库存的动态化管理,需要遵循以下原则。

(1) 库存中商品的种类应当时刻与货架上商品的种类保持一致。

(2) 库存中商品的分类方法和摆放顺序要尽量与货架上的商品保持一致。

(3) 库存占仓库的区域应当保持稳定。

根据以上原则,动态化管理的方法如下。

(1) 对于库存数量不足的商品,在距离补货时间较长的情况下,可以改变其摆放规则,尽可能利用所有可利用的空间。

(2) 对于销售量高或补货频率高的商品,可以放置在相对容易存取的位置。

(3) 对于销售速度较快的商品,可采取分散管理库存的方法;对于销售速度慢的商品,可以将它们集中在一起进行库存管理,以减少人力成本,提高经济效益。

4. 有效控制库存

库存量过高会增加成本,过低则会因货源不足导致缺货,导致客户满意度下降,门店的行业竞争力减弱。在控制库存的众多方法中,ABC 分类库存控制法,操作方便,实用性强。

1) ABC 库存分类法的基本原理

由于各种库存品的需求量和单价各不相同,其年耗用金额也各不相同。那些年耗用金额大的库存品,由于其占用企业的资金较多,对企业经营的影响也较大,因此特别需要重视和管理。根据商品的价值金额占总库存资金的比例,可将物品分为 A、B、C 三类,划分依据如表 3-4-8 所示。

表 3-4-8　ABC 分类依据表

库　存	数量比	价　值　比
A 类	5％～15％	60％～80％
B 类	15％～25％	30％～40％
C 类	60％～70％	5％～10％

2）ABC 分类法的一般步骤

（1）计算各种商品的价值金额，由高到低排序。

（2）计算全部库存商品的总价值。

（3）计算每一种商品价值金额占库存商品总计值的百分比。

（4）对每一种商品的占比进行累计。

（5）按每一档次商品的价值累计比，将商品分成 A、B、C 三类。

（6）根据 ABC 分析法的结果，在权衡管理能力与经济效益之后，对库存商品采取不同的管理方法，如表 3-4-9 所示。

表 3-4-9　ABC 分类商品管理方法

分类管理	管　理　重　点	订　货　方　式
A 类	压缩库存，投入较大力量，精心管理，并将库存压到最低水平	计算每种物品的订单量，采用定期订货方式
B 类	调节库存水平，控制订货量和库存	采用定期定量订货的方式
C 类	投入较少的力量管理、增加库存储备	集中订货

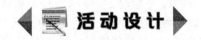 活动设计

一、活动名称

健康库存管理。

二、活动条件

仓库、货架、商品、模拟物料、笔记本、笔。

三、活动组织

（1）6～8 人为一个小组，选出一人当店长。

（2）店长组织组员一起制订库存监管方案和库存清点方案。

（3）按照方案开展库存清点。

（4）小组互相评分、总结。

四、活动实施

序号	步骤	操作说明	服务标准
1	分析库存是否健康	(1) 计算出12月门店商品库存滞留率 (2) 计算库存周转率和库存动销率 (3) 根据不同指标对库存的健康程度进行综合分析	(1) 能够精准计算出指标 (2) 能够结合所有指标进行分析
2	制订库存清点计划	制订库存清点计划,形成具体方案	方案合理、规范
3	开展库存的管理	(1) 各小组按照制订的库存清点计划,店长分工,员工进行库存清点 (2) 整理清点信息,总结库存管理现状,调整不健康库存	(1) 清点过程规范,清点结果正确 (2) 总结库存结果科学合理,采取调整措施得当
4	团队互评	各个小组派一名代表进行库存管理工作的总结、展示,小组之间相互评价	(1) 总结到位,点评得当 (2) 听取其他组的介绍,并能给出自己的意见和建议

问题情景（一）

物美新零售门店12月洗发露的库存情况为:停滞库存金额68 654元;总库存金额134 562元;出库总金额37 625元;平均库存金额29 745元;销售活跃状态的商品品种数6种;销售商品总数14种。面对以上情况你如何开展洗发露的健康库存管理?

提示:根据公示计算库存停滞率、周转率、动销率。

问题情景（二）

杰家新零售门店衬衫12月的库存情况为:停滞库存金额1 342元;总库存金额19 865元;销售活跃状态的商品品种数9种;销售商品总数11种。而西裤的库存情况为:停滞库存金额8 748元;总库存金额10 683元;销售活跃状态的商品品种数2种;销售商品总数7种。如果你刚刚升职为该店的店长,根据此情况你将如何处理?

提示:计算两种商品的出库存滞留率、库存动销率,根据结果进行库存商品调整。

五、学习结果评价

评价内容		评价标准	评价结果（是/否）
活动完成情况	活动一	能准确计算出库存滞留率、库存周转率和库存动销率 能根据计算出的指标对库存开展健康管理	
	活动二	能准确计算两种商品的出库存滞留率、库存动销率 能根据计算出的指标进行科学判断并对库存开展合理调整	

课后任务

(1) 请到周边超市调研,任选一个品类的商品,计算并分析该超市库存的健康情况。

(2) 团队合作分析并解释ABC分类库存控制法,并说明如何正确评价商品的健康库存。

工作任务 3-5　门店巡查

职业能力 3-5-1　能补充、维护货架陈列

 核心·概念

补充货架陈列:及时对货架上缺少的商品进行补充。

维护货架陈列:在因商品销售而造成货架状态变化后,使货架恢复整齐、有序、洁净。

学习目标

1. 知识目标

- 能够讲解补充货架陈列的原则和步骤。
- 能够讲解维护货架陈列的原则和内容。

2. 能力目标

- 能够正确完成补充货架陈列操作。
- 能够正确完成维护货架陈列操作。

3. 素质目标

- 树立安全意识,工作具有计划性。
- 重视维护货架陈列工作。

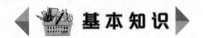 **基本知识**

一、补充货架陈列

1. 补充货架陈列的原则

(1) 补货的时间为商品缺货时、营业高峰前或营业结束前。

(2) 补货时要补满货架、端架和促销区。

(3) 补货的区域次序为:①堆头(中心展示柜);②端架;③货架。

(4) 补货的品项次序为:①促销品项;②主力品项;③一般品项。

(5) 商品缺货时,首先通过查询系统确定是否有仓库库存,若没有则将缺货标签放置在货架上。

(6) 有保质期限制的商品一定要遵循先进先出的原则。

(7) 补货时必须保证商品的质量、外包装以及条形码完好。

(8) 补货时一定要检查价格标签是否正确。

(9) 补货时不能堵塞通道,不能影响卖场商品展示,更不能妨碍顾客自由购物。

（10）补货时不可以随意改动陈列区域和陈列方式，保证商品的陈列效果。

（11）补货结束后第一时间清理通道的存货和垃圾。

（12）当某种商品缺货时，要保留其本来占有的空间，如图3-5-1所示，不可以用其他商品填补，也不可以通过拉大相邻品项商品排面的方法填补空位。

图 3-5-1　商品缺货时保留其本来占有的空间

2. 补充货架陈列的步骤

（1）按照从左至右，从上至下的顺序观察货架上的商品情况，并依次记录缺货商品。

（2）根据记录到库存区查货，按需要补货的数量将商品运至补货区域。

（3）检查货架是否清洁，将货架清理干净后，按照先进先出的原则进行补货。

（4）补货的同时留意周边商品，如发现有脏乱随手加以整理和清洁。

（5）补货后要将排面拉齐，服装类商品要叠放或悬挂整齐，如图3-5-2所示。

（6）清洁商品、货架和地面。

图 3-5-2　补货时将排面拉齐

3. 其他注意事项

（1）为了方便在仓库中寻找补货商品，尽量以一个排面或一个小分类为补货区间。

（2）及时对补货后的库存商品进行重新整理，用并箱或并板的方式腾出空间。同时保证箱内库存的准确性，及时在外包装上标注数量。

（3）遵循先进先出原则，补货时将保质期较短的商品陈列在货架最外端，将原货架里面的商品移到前段将新补的商品放在后面，先消化完旧包装商品才将新包装商品上架。

（4）发现保质期超过2/3的商品，一定要及时记录并告知上级主管进行处理。

（5）如某商品仓库及排面都没有货，则使用缺货标签，如图 3-5-3 所示。

图 3-5-3　缺货标签

二、维护货架陈列

1. 维护货架陈列的原则

（1）整理原则。对于不在原位的商品或消费者随意摆放的商品，要及时归位或叠放整齐。

（2）细节维护原则。注意细节的整理维护，使消费者获得更好的购物体验，如及时清理破损脏污商品。

（3）创意原则。日常维护当中，针对原陈列方案的不足，增添自己的陈列创意，如图 3-5-4 所示。

图 3-5-4　创意陈列

2. 维护货架陈列应考虑的因素

（1）陈列位置是否位于热卖点。

（2）该陈列是否在此店中占有优势。

(3) 陈列位置的大小、规模是否合适。

(4) 是否有清楚、明确的销售信息。

(5) 价格折扣是否醒目并便于阅读。

(6) 产品是否便于拿取。

(7) 陈列是否稳固。

(8) 陈列方式是否便于迅速补货。

(9) 陈列的产品是否干净、整洁。

(10) 是否妥善运用了陈列辅助器材。

3. 维护货架陈列的内容

(1) 排面检查维护。定期检查商品陈列是否有移位或空缺,持续保持合理的商品结构,如畅销品的陈列排面数、重点商品的数量等,将数据分析与实际陈列相结合。

(2) 排面补货。没有接待客人时要随时补货、随时整理,定时检查。

(3) 商品检查。营业人员要定期检查店中的商品,保证商品标识齐全,系列完整,货源充足;确保商品包装清洁,无污损;检查商品是否过期;避免商品摆放无序杂乱,难以寻找;及时将移位商品归位,将商品叠放整齐,同时将模特或装饰物摆放得当。

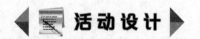

活 动 设 计

一、活动名称

补充货架陈列。

二、活动条件

实训室、货架、抹布、货品等。

三、活动组织

(1) 5 人为一组,轮流选一人当店长。

(2) 店长组织小组成员完成补货的流程。

(3) 向其他小组进行展示,教师及其他同学对其点评。

(4) 注意商品搬运和拿放的安全。

四、活动实施

序号	步骤	操作说明	服务标准
1	观察货架	(1) 观察货架排面商品缺货情况 (2) 依次记录缺货商品情况	(1) 观察要按照从左至右,从上至下的顺序 (2) 缺货情况要详细完整,记录准确,不可漏记

序号	步 骤	操作说明	服务标准
2	查询库存	(1) 根据记录的缺货情况,到库存区查找是否有货 (2) 根据需要补货的数量将商品放至补货车中 (3) 将商品推至店内补货区域	(1) 能快速找到补货商品 (2) 从库存区拿货后及时进行记录 (3) 拿货后重新整理库存区
3	清洁货架	(1) 查看货架是否清洁 (2) 清理货架卫生	(1) 查看仔细 (2) 货架保持干净卫生
4	补充货架	(1) 查看是否有品质不好或残损的商品 (2) 第一时间将残损商品下架并及时告知上级主管进行处理 (3) 补货时注意清洁旁边的商品 (4) 将排面拉齐	(1) 补货要遵循先进先出的原则 (2) 商品补充完整,陈列美观 (3) 保证商品干净整齐 (4) 保证货架干净整齐
5	清洁杂物	(1) 清理补货区域 (2) 清理补货剩余商品 (3) 整理货架排面	(1) 补货区域干净整洁 (2) 剩余商品及时归仓 (3) 排面整洁美观

问题情景（一）

　　家乐美新零售门店在进行零食补货时,发现部分零食保质期超过 2/3,作为店员你应如何处理?

　　提示:及时记录并告知上级主管进行处理,对于过期商品一定要第一时间下架,并立即通知主管进行处理;严格按照先进先出的原则,要将保质期较短的商品陈列在货架最外端,对于旧包装商品,一般要先将其消化完毕后才能上架新包装商品。

问题情景（二）

　　该零食店经理进行补充货架陈列,从右到左、从下到上查看货架缺货情况,从库存拿到货直接放至货架,发现货架有残损商品将其放至后排,补货完毕。请指出陈列中的错误并改正。

　　提示:观察缺货情况应按照从左到右,从上到下的顺序观察,并做好记录;补货前要先查看货架是否干净整洁,再准备补货;发现货架上有品质不好或残损商品要第一时间将残损商品下架并及时告知上级主管进行处理;补货后要将排面拉齐保证排面美观。

五、学习结果评价

评价内容		评价标准	评价结果(是/否)
活动完成情况	活动一	能了解补充货架陈列相关内容 能按要求维护货架陈列	
	活动二	能发现补充货架陈列中的错误 能按要求正确维护货架陈列	

课后任务

（1）在网上搜集一些关于货架陈列的经典案例，从中学习如何在实际门店运营中准确运用货架陈列原则。

（2）独立讲解补充货架陈列的原则、步骤和维护货架陈列的原则、内容。

职业能力3-5-2　能预防犯罪与处理突发事件

 核心概念

预防犯罪：通过实施一些措施及方案避免店内出现各类犯罪事件，以减少店铺损失。

处理突发事件：在发生停电、电梯故障等突发事情时，能妥善处理。

学习目标

1. 知识目标

• 能够说出门店突发事件的类型。

• 能够说明预防犯罪的措施。

2. 能力目标

• 能够联系实际提出预防犯罪的措施。

• 能够针对不同的突发事件进行正确应对。

3. 素质目标

• 具备岗位警惕意识和应急意识。

• 养成敏捷关注突发事件的职业习惯。

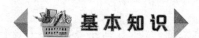

一、预防犯罪的措施

（1）闭店前认真检查店铺门窗是否关闭严实，及时维修破损门窗。

（2）及时将营业款存入银行，将名贵药材、金银首饰等存入保险箱。

（3）夜间最好安排两人以上值班看守。

（4）在店内安装监控器、报警器等安防设备，注意观察来店人员的异常举动，留心可疑人员。

（5）熟悉店铺周边环境，与邻居保持良好关系。

（6）如需离岗，应告知同区域工作人员，由其帮忙照看。下班前所有人员做好交接工作，互相监督，确认无误后才可离岗。

（7）在重大活动和节假日期间，做好人员分工，各区域工作人员提高警惕，增加在岗员工,既可配合销售引导,又可加强收银台等重点区域的安全防范工作。

二、处理突发事件

1. 恶劣天气

遇恶劣天气,店长要组织店员在第一时间关闭门窗,固定、收集室外物品,为顾客准备雨伞袋,铺设防滑垫,必要的时候要果断采取小范围的破拆措施,以避免店铺更大的损失。

2. 停电

停电时,值勤店员应迅速用应急照明灯、手电筒给收银台等区域照明,并将贵重商品入柜。用应急广播安抚店内人员情绪,告知各岗位营业员坚守岗位。靠近出入口的营业员要及时控制人员进入,对持商品、赠品离店的顾客务必检验、核对发票,直到来电。

3. 电梯停运

电梯停运时,及时树立标识,防止顾客乘坐电梯,做好顾客分流工作,引导顾客从安全通道上、下楼,同时迅速通知电梯维护人员修理。

4. 人身意外

（1）顾客晕倒、受伤

店员发现店内有人晕倒或受伤,要第一时间向店内负责人汇报,并拨打急救电话,疏散现场围观人群,保持通风,维护现场秩序。

（2）触电

发现顾客或员工触电,要立即关闭电源,用绝缘物把电线或电器从触电人身上移开,进行人工急救,并及时拨打急救电话。在没有关闭电源前切记不可以接触触电人。

5. 偷盗

发生偷窃案件,第一时间报警,有效控制嫌疑人,保护好现场,等警察到达后交其处理。

6. 抢劫

遇抢劫时店员要保持镇静,安抚顾客情绪,想办法控制现场并报警,用适当的配合拖延时间等待警察到来。

7. 恐吓

对于任何形式的恐吓,店员要第一时间报告店面负责人,为了避免引起恐慌,不得将被恐吓的事件告知其他人。店面负责人报告上级后再决定是否报警或疏散人员。疏散人员时,以设备故障等为借口让顾客有序离店。

8. 火险

迅速使用应急灭火器进行灭火,关上防火门,及时疏散人群,控制店门只出不进,并将保险柜锁好。如火险无法控制,收银人员应在保证人身安全的情况下,将所有库存现金及重要单据装入安全箱内并上锁,在防损人员的配合下,进行紧急疏散。

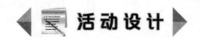

一、活动名称

（1）停电类突发事件处理。

（2）抢劫类突发事件处理。

二、活动条件

实训室、应急照明灯、手电筒。

三、活动组织

（1）6～8 人为一组，轮流选一人扮演店长。

（2）每组按照不同情况进行模拟实训，完成停电类突发事件、抢劫类突发事件等的处理。

（3）完成一组后，教师及其他同学及时对其进行点评纠错，然后进行下一组。

（4）注意现场秩序的维护和门店财务的保障。

四、活动实施

（1）停电类突发事件处理。

序号	步　骤	操　作　说　明	服　务　标　准
1	启动应急措施	迅速拿应急照明灯、手电筒至收银等区域，确保安全和照明	（1）能迅速找到照明设备 （2）能以最快速度保证店内照明
2	看护商品，安抚顾客	（1）各店员坚守岗位，不随意离开 （2）看护自己所负责区域的商品 （3）安抚顾客，保持秩序	（1）店员能坚守岗位 （2）能有效看护自己的商品 （3）能保证店内秩序井然
3	检查出入口	（1）在出入口选派特定负责人员 （2）及时控制人员的进入 （3）对要持商品、赠品离店的顾客务必做好检验，核对发票 （4）向进出顾客说明原因并致歉	（1）对要进店的顾客耐心解释不能入店的原因，请顾客谅解 （2）对要离店的顾客核对销售票据和商品及赠品，确保票据与物品对应，没有差错
4	交流讨论	（1）各个小组将应急处理过程做成 PPT （2）各小组派出一名成员负责讲解 （3）提出活动中出现的问题 （4）对活动的开展进行分析总结	（1）PPT 制作要求简洁大方，突出重点 （2）讲解清晰易懂 （3）能接受其他组的纠正或补充 （4）能听取其他组的介绍，并能给出自己的想法和意见

(2) 抢劫类突发事件处理。

序号	步　骤	操作说明	服务标准
1	启动应急措施	(1) 执行应急预案 (2) 想办法报警	(1) 能保持镇静 (2) 以最快速度报警
2	安抚顾客情绪	(1) 安抚顾客，保持秩序 (2) 控制现场，防止嫌疑人逃离	(1) 能够安抚好顾客的情绪 (2) 能保证店内人员安全
3	保护现场	(1) 稳定嫌疑人后及时疏散人群 (2) 做好现场保护工作 (3) 安顿现场目击证人 (4) 等警察到达现场后交其处理	(1) 能严格控制场面，保证秩序井然 (2) 能保护现场使现场不被破坏 (3) 要保证有目击证人
4	交流讨论	(1) 各个小组将应急处理过程做成 PPT (2) 各小组派出一名成员负责讲解 (3) 提出活动中出现的问题 (4) 对活动的开展进行分析总结	(1) PPT 制作要求简洁大方，突出重点 (2) 讲解清晰易懂，限时 5 分钟 (3) 能接受其他组的纠正或补充 (4) 能听取其他组的介绍，并能给出自己的想法和意见

问题情景（一）

某新零售门店位于商场四楼，在夜间营业时突遇停电事故，如果你是门店负责人，如何疏散顾客离开商场？

提示：引导顾客从安全通道上、下楼，如发现电梯内有人，要用平稳的语气安抚电梯内人员，安抚其情绪，在电梯维护人员到来前，不得擅自强行开启安全门。

问题情景（二）

你所在的门店位于一栋独立经营的商场之内，突遇抢劫事件，嫌疑人已经逃窜，如果此时只有你在门店，在报警之后你还应该做哪些处理？

提示：安抚顾客情绪，联系商场管理人员协助处理。

五、学习结果评价

评价内容		评价标准	评价结果（是/否）
活动完成情况	活动一	能有序应对停电突发事件	
	活动二	能正确处理抢劫突发事件	

课后任务

(1) 收集一些门店中发生的犯罪案例，和同学互相交流讨论，从中学习应该如何更好地预防和处理门店犯罪事件。

(2) 与团队成员玩"突发事件游戏"，轮流设定主题，假设出现各种突发事件，其他成员迅速根据自己的判断作出合理处置，反应慢或处理不当者退出游戏，最后留下者胜。

工作任务 3-6 售后服务

职业能力 3-6-1　能处理商品退换货

核心·概念

商品退换货：顾客由于商品或自身原因要求退货或换货。

学习目标

1.知识目标

• 能够概述商品退换货原则。

• 能够说明退换货注意事项。

2.能力目标

• 能够按照退换货的流程正确完成退换货的操作。

• 能够填写退换货登记表。

3.素质目标

• 树立对商品质量负责的工作意识。

• 养成尊重顾客的职业习惯。

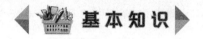

基 本 知 识

一、商品退换货原则

1.首接负责制

第一位接待顾客退换货的店员必须在第一时间按照标准程序进行解决，如无法解决则陪同顾客找其他负责人处理，首接人在复接人确认交接后才可离开。

2.顾客第一原则

在处理退换货的过程中，时刻展现出对顾客的高度尊重。

3.依商品性质处理

（1）退换正价商品，顾客应提供盖有该店印章的销售单，且货品仍然保持原质原样、原包装，未经使用并且不影响再次销售。

（2）退换特价商品，根据具体情况处理，销售单上标记"特价商品"印章或标记的商品原则上不允许退换货。

4.高补低不退

换货应遵循高补低不退的原则，即换走货品现行价格低于退回货品原销售价的不退款，

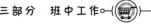

换走货品现行销售价格高于退回货品原销售价格的向客户收取差价。

5．签单留底

在进行退换货时,店员应请顾客在原销售单及退货单/换货单上签名并留下联系方式,并将原销售单客户联与退货单/换货单装订在一起作为客人退货的证明,以备后期财务核查。店铺在系统中处理退货单的时候一定要在备注栏中录入原销售单号。

6．同渠道退款

刷卡消费的顾客,退货或换货时的退款应按原渠道打款到顾客付款账户,而用现金消费的顾客,退货或换货时的退款则以现金退还给客户。

二、退换货操作流程

1．退货操作流程

退货的操作流程如图 3-6-1 所示。

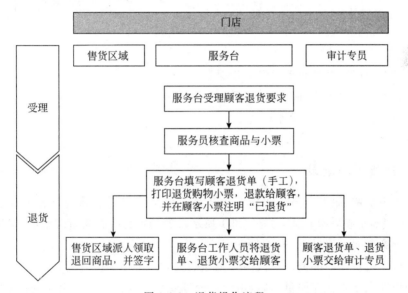

图 3-6-1 退货操作流程

2．换货操作流程

换货的操作流程如图 3-6-2 所示。

三、商品退换货注意事项

(1) 坚持顾客第一的服务原则,在兼顾门店利益的前提下,尽可能为顾客办理退换货。

(2) 确实不符合退换货要求的某些商品,委婉、清晰地向顾客解释,必要时请店长出面。

(3) 顾客退换货较多的商品,及时向公司采购部反馈,以便调整进货。

(4) 换货商品一年保修的开始时间为第一次开具销售单的时间。

(5) 不在退换货范围之内的商品包括以下几种。

① 购买超过一定期限的商品。

② 商品原包装被损坏、遗失、配件不全等。

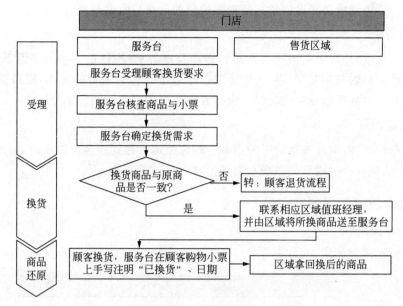

图 3-6-2　换货操作流程

③ 出售时已标注的"处理商品""残次品"。

④ 个人卫生用品（内衣、睡衣、袜子等）。

⑤ 消耗性商品（电池、胶卷等）。

⑥ 鲜花、化妆品和生鲜食品等。

四、退换货后的记录

（1）每天下班前，服务台员工要把本人或值班店员签字后的原购物凭证和退换单交给收银领班，并填写退换货登记表，如表 3-6-1 所示。商品本身没有质量问题的，可以安排相关人员将商品重新放回货架进行再次销售。

（2）货区理货员在商品放回货区后必须在购物凭证上签字。

（3）如果商品本身存在质量问题，由值班经理联系采购部门或供应商进行索赔。

表 3-6-1　退换货登记表

退换货原因： 　1.货物质量问题 　2.包装破损 　3.货品种类不对 　4.送货量超过订单量 　5.没有订购此货 　6.销量不佳 　7.快到期＿＿个月						解决方案： 　A.换同样货品 　B.换同类同值的畅销品 　C.提供赠品促销 　D.退货 　E.降价促销 　F.其他（请注明）						
货品编号	货品名称	进货量	单位	退货量	单位	货品保质期至于	原因	解决方案	备注	退换货日期	备注

续表

货品编号	货品名称	进货量	单位	退货量	单位	货品保质期 至于	原因	解决方案	备注	退换货日期	备注
申请人：　　　　　店长：											
						抄送：					

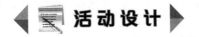 活 动 设 计

一、活动名称

模拟顾客退换货处理。

二、活动条件

商品经营实训室、服务台、退换货单、商品。

三、活动组织

(1) 6～8 人为一组,按照不同情景进行模拟实训,完成顾客退换货的处理。

(2) 完成一组后,老师及其他同学及时对其进行点评纠错,再进行下一组。

(3) 注意退货商品的校验,以防出现调包现象。

四、活动实施

序号	步　骤	操 作 说 明	服 务 标 准
1	受理	(1) 服务台值班人员受理退换货 (2) 服务台员工按退换货要求核查购物小票及商品	(1) 礼貌待客 (2) 能核查商品是否符合退换货要求
2	换货	(1) 如换货商品与原商品不一致,则原商品走退货流程,新商品走销售流程 (2) 如换货商品与原商品一致,服务台联系负责人将所换商品交给顾客 (3) 顾客换货后,服务台要在顾客的购物小票上写明"已换货",并注明日期	(1) 能准确执行换货流程 (2) 能正确判断退、换货 (3) 服务过程令顾客满意

续表

序号	步 骤	操作说明	服务标准
3	退货	(1) 按退货要求核查购物小票及商品 (2) 填顾客退货单,并让顾客签名 (3) 录入退货商品,按要求退款并处理相关单据 (4) 将商品退回相关区域 (5) 将顾客退货单的财务联、退货购物小票装订交给相关人员	(1) 能准确执行退货流程 (2) 能正确填写各项单据 (3) 服务过程令顾客满意
4	商品还原	(1) 服务台人员将商品交给售货区域 (2) 区域人员将商品按要求放回货架	(1) 能完好交接商品 (2) 能将其准确放回售货区域
5	填写退换货登记表	(1) 勾选退换货原因 (2) 勾选解决方案 (3) 填写货品编号、货品名称、进货量、退货量及其单位、货品保质期、退换原因、解决方案、备注 (4) 相关负责人签字	(1) 能正确勾选退换货原因及解决方案,若没有对应选项则手写于选项旁 (2) 能准确填写货品编号等
6	交流讨论	(1) 各组介绍分享任务完成情况 (2) 其他组进行评价	(1) 准确介绍本组工作 (2) 合理点评其他组的工作

问题情景（一）

某顾客在新零售门店购买了一箱保质期为 45 天的牛奶,购买时还差 20 天就过期了,属于特价商品,顾客购买后很长时间才想起来饮用,结果已经超过保质期一天了。于是该顾客便到购买牛奶的门店申请换货,如果你是门店工作人员,应该如何回复,为什么?

提示: 耐心向顾客解释不能换货的原因,商品在销售时已经注明是临期特价商品,并且现在退回已经过了保质期。

问题情景（二）

某客户使用信用卡在新零售门店购买了一盒饼干,后发现盒内饼干包装袋出现漏气现象,要求退货,如果你是门店工作人员,该如何退还顾客相应的金额?

提示: 刷卡消费的顾客,退货或换货时以相同渠道打款到顾客账户,不能退现金给顾客。

五、学习结果评价

评价内容		评价标准	评价结果（是/否）
活动完成情况	活动一	能安抚好顾客情绪并处理商品换货	
	活动二	能正确处理商品退货	

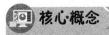

课后任务

（1）分组模拟生鲜新零售门店退货和换货的流程，找出过程中出现的问题，并小组讨论生鲜新零售门店在处理退换货时有哪些注意事项。

（2）团队合作学习并分享商品退换货原则和退换货注意事项的相关知识。

职业能力 3-6-2　能处理商品保修服务

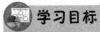

核心概念

商品保修服务：商店对售出的某些商品在规定的时间内提供免费修理的服务。

学习目标

1.知识目标

• 能够解释商品保修的原则。

• 能够概述商品不予保修的情况。

2.能力目标

• 能够独立完成商品保修服务。

• 能够绘制保修服务流程图。

3.素质目标

• 树立客户服务意识和质量管理意识。

• 严格遵守商品保修制度。

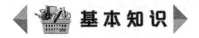

一、商品保修原则

（1）保修期内保修免费。

（2）门店保修产品必须是厂家承诺保修服务的商品。

（3）保修范围应包括保修期内由于设计、制造、原材料等原因，出现故障或损坏的产品整体、部件。

（4）保修期的起始日期为顾客接收到商品的实际日期（一般按商品标牌上出厂日期为准）。

（5）顾客在正常使用、保养、维护的前提下，商品在质量保修期以内出现故障或损坏，经厂家售后服务部（必要时由质量、售后、技术、采购等部门）鉴定确认的，给予保修服务。

（6）坚持以快速排除故障、不耽误顾客使用为目的，坚决摒弃有故障不分析，随意更换零部件的低级售后服务做法。合理采用修复和更换相结合的办法解决问题。

二、商品保修目的

（1）更好地发现并纠正产品在设计、制造过程中存在的缺陷。

（2）延长产品的使用寿命，提升产品的综合竞争能力和顾客的满意度。

三、商品不予保修的情况

（1）日常使用中操作、维护不当，人为造成的商品损坏。

（2）没有质量保修服务手册、质量保修卡、用户服务指南等凭证。

（3）私自改变产品结构、部件等引起的损坏。

（4）出现故障、异常等问题后，擅自进行故障处理或更换零部件造成损坏。

四、保修服务流程

商品的保修服务流程如图 3-6-3 所示。

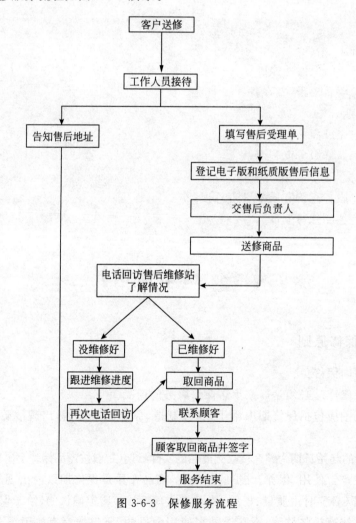

图 3-6-3　保修服务流程

活动设计

一、活动名称

商品保修服务。

二、活动条件

商品销售实训室、商品、产品保修单据、销售单据。

三、活动组织

（1）3人为一组，轮流按要求完成活动任务。

（2）每组按照场景进行模拟实训，组员中一人扮演顾客，另外两人扮演维修店店员，完成售后维修服务。

（3）小组展示，老师及其他同学进行点评纠错。

（4）注意商品信息的准确登记

四、活动实施

序号	步骤	操作说明	服务标准
1	接待报修	（1）门店报修操作：顾客到店申请保修服务，营业员接待并填写售后受理单 （2）线上报修操作：顾客线上填写商品保修信息，门店员工在后台接单处理	（1）能正确接待申请保修服务的顾客 （2）能判断顾客的保修申请是否符合要求
2	登记售后信息	营业员填写电子版与纸质版售后信息	能正确填写售后信息
3	送修商品	门店相关负责人将商品送至维修地点	能将送修商品及时、无损送达
4	电话跟进	电话回访维修站了解情况，若未维修好，及时跟进维修进度；若已维修好，则取回商品	能及时电话跟进维修进度
5	取回商品	商品维修好后取回至门店，营业员联系顾客来门店取回商品并签字	能否及时联系顾客取回商品
6	交流讨论	（1）各组介绍分享 （2）其他组进行评价	（1）介绍清晰完整 （2）合理点评其他组

问题情景（一）

李华最近在某电商平台购买了一部新手机，结果在门店自取后发现接打电话时听不到对方的声音，于是他申请了售后保修，请问保修流程是什么呢？

提示：顾客送修，工作人员接待，商品维修，电话回访。

问题情景 二

王明最近买了一台电风扇,在购买后未放置在干燥处导致电风扇受潮,出现短路现象。小明可以向门店提出保修吗? 为什么?

提示:不可以。日常使用、操作、维护不当、人为造成商品损坏的,门店可不予保修。

五、学习结果评价

评价内容		评价标准	评价结果(是/否)
活动完成情况	活动一	能正确把握商品保修服务的流程	
	活动二	能掌握商品保修的范围	

课后任务

(1)学会如何向顾客解释商品保修的原则以及说明商品不予保修的情况。

(2)在网上搜集一些箱包的售后保修案例,从中学习箱包类新零售门店如何更好地为顾客提供保修服务。

职业能力 3-6-3 能处理顾客的投诉与异议

 核心·概念

顾客投诉:顾客因为对企业产品或服务不满意,而提出的书面或口头上的异议、抗议、索赔等。

顾客异议:顾客提出的怀疑、抱怨,提出否定或反对意见,一般针对推销品、推销人员、推销方式和交易条件等。

学习目标

1. 知识目标

• 能够概述处理顾客投诉与异议的原则、步骤。

• 能够简述顾客投诉的原因及处理顾客投诉的注意事项。

2. 能力目标

• 能够独立处理顾客投诉。

• 能够正确处理顾客异议。

3. 素质目标

• 树立积极处理顾客投诉与异议的服务意识。

• 养成站在顾客的角度考虑问题的职业素养。

基本知识

一、处理顾客投诉

1. 顾客投诉方式

顾客投诉方式根据投诉渠道的不同可分为当面投诉和电话投诉。

2. 顾客投诉的原因

(1) 货品问题。包括异物、异味、商标错误、日期过期、保质期内变质、数量不对、保质期内霉变、包装破损、产品碎裂、形态不一等。

(2) 服务问题。包括态度不良、应对不妥、语气不佳、用词不当、说明不足、约定不守、速度过慢、促销过度、服务不周、取错货物等。

(3) 价格问题。包括价格不一、价格错误、打折不一等。

(4) 其他问题。包括意外事故、人为疏忽、误解、收银错误等。

3. 处理顾客投诉的原则

(1) 处理宗旨始终是以顾客满意为目标。

(2) 坚持"四要四不"。

四要：要关心、要真诚、要及时、要解决。

四不：不辩解、不转嫁、不推诿、不藐视。

4. 处理顾客投诉禁忌

处理顾客投诉时应尽量避免以下行为。

(1) 公开当众处理，多人同时向顾客解释。

(2) 态度散漫，怠慢顾客，甚至用负面语气及语言回应顾客。

(3) 压制顾客，坚持己见，指责顾客，与顾客争吵。

(4) 推卸责任，指责同事和其他部门。

(5) 在未经公司领导授权的情况下，与媒体正面接触。

5. 处理顾客投诉的流程

处理顾客投诉的流程如图 3-6-4 所示。

6. 处理顾客投诉的步骤

1) 致歉

当顾客有投诉时，及时向客户致歉，处理投诉的关键是致歉的态度，店员要真诚地表达自己的关心和对顾客的重视。

2) 倾听

倾听是最大的尊重。接待顾客时，身体向前倾，两眼凝视对方，面带微笑，专注倾听顾客投诉的内容，并伴随简明的回应表明自己的理解，让对方畅所欲言地表达。

例如，"嗯！嗯！""是的""您说……""然后呢""我了解，进一步呢"等。

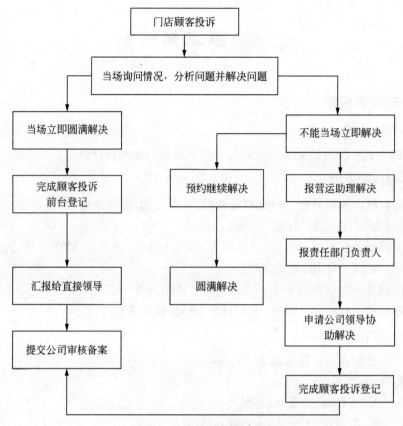

图 3-6-4　处理顾客投诉流程

3) 复述

复述时不掺杂自己的意见、看法及评论,直接复述原话,目的在于确认顾客所说的内容被正确理解。

复述的基本用语包括"您的意思是……,所以让您感到……""当您……,您觉得……,所以您会……""我重复一下您的情况,因为……,使您……,让您……"这些用语最主要的目的在于明确投诉的内容。

4) 询问

询问顾客的期望与想法,避免用自己的观点影响顾客,让顾客感受轻松、被认可,能够放心表明自己的期望。尽量满足顾客的需求,令其满意,以尊重对方的提议为先。

5) 协商解决

共同协商解决问题的方案。站在对方的立场上,以"我们"的角度出发解决问题,争取双赢。根据实际情况,通过道歉、退货、换货、赔偿等方式解决,避免口舌之争,避免因小失大。

6) 后续追踪

双方约定后续追踪日期。在与顾客达成协议时,要明确地提出后续行动,让顾客感受到自己信守承诺。

二、处理顾客异议

1. 正确处理顾客异议的方法

1）转折处理法

转折处理法是店员根据有关事实和理由间接否定顾客的意见。应用这种方法时，应先承认顾客的看法有一定道理，向顾客做出一定让步，再讲出自己的看法。

例如，顾客认为店员推销的服装颜色已经过时了，店员可以回答："您的确很了解流行时尚，这种颜色确实是几年前的流行色，但服装的潮流是轮回的，如今又流行这种颜色了。"

2）转化处理法

转化处理法是"以子之矛，攻子之盾"，即店员通过改变顾客异议的性质，把顾客拒绝购买商品的理由转化为说服顾客购买商品的理由，把顾客异议转化为推销提示，把成交的障碍转化为成交的动力，针对性地转变顾客在关键问题上的看法，使之不再提出新的异议。应用这种方法要讲究礼仪技巧，不能伤害顾客的感情，应尽量真诚地响应顾客异议，在此基础上，正确分析顾客购买动机与影响商品推销的各项因素，向顾客传达正确的信息。

3）以优补劣法

以优补劣法也称补偿法，即在顾客所提异议确属产品或服务缺陷时，应确认有关缺陷，然后做淡化处理，利用产品的优点来补偿甚至抵消这些缺点，但不能直接回避或否认缺点。通过以优补劣法，可以使顾客心理达到一定程度的平衡，促使顾客做出购买决策。

如顾客对某款商品质量表示质疑时，店员可以说："虽然质量不是最优的，但是进行了低价处理。这个质量不会影响使用效果，而且优惠力度还很大。"

4）委婉处理法

委婉处理法是店员通过用委婉的语气把对方的反对意见重复一遍，这不仅可以使自己有时间考虑如何答复顾客，而且可以削弱对方的气势。例如顾客抱怨："价格比去年高多了，怎么涨幅这么大。"可以先答复："是啊，价格比起前一年确实高了一些。"再表明其他改进的地方。

5）合并意见法

合并意见法是将顾客的多种意见汇总成一个意见，或者把顾客的意见集中在一个时间讨论。这样可以减少反对意见对顾客产生的影响，但应注意不要针对一个反对意见反复讨论。

2. 处理顾客异议的步骤

1）认真倾听顾客的异议

销售人员应认真倾听顾客的异议，使顾客感受到自己被重视，同时要在语言和行为表情上给予适时的反应，引导鼓励顾客把心中的异议讲出来。认真倾听才能知道顾客的异议是什么，如果确实存在问题，应马上着手处理。

2）对顾客的异议表示理解

在遇到顾客异议的时候，销售人员可以礼貌回应顾客："我理解您的感受，也知道您为什么会有这种想法，其实很多顾客开始也和您有一样的感受，但是使用过这种产品后，他们就发觉自己喜欢上这个产品了。"使用这种表示理解顾客异议的说法目的在于承认顾客的忧虑，但却没有表示赞同或表现出抵触。

3）明确顾客异议的真正含义

重复并澄清客户提出的异议能让顾客感觉到销售人员在认真听取他提出的意见，并能进一步明确自己是否明白客户想要表达的意思。

4）回应顾客的问题

回应顾客的问题时,销售人员可以用"什么""为什么""何时""何种方式"等开放式的问句发问,找出异议的原因。在回答或发问前,可以有一个短暂的停顿,这会令顾客觉得答复及发问是经过深思熟虑的、态度真诚的,而不是随意说出来的。这个停顿也会让顾客更加注意听取工作人员的意见。

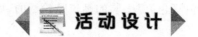 活动设计

一、活动名称

投诉处理。

二、活动条件

无须特别的活动条件。

三、活动组织

（1）2人为一组,按要求完成顾客投诉的处理。

（2）展示处理过程,老师及其他同学对其进行点评。

四、活动实施

序号	步骤	操作说明	服务标准
1	致歉	首先向提出投诉的顾客表明歉意,然后询问投诉的具体内容	（1）致歉态度真诚 （2）询问原因细致准确
2	倾听	专注地倾听顾客的意见,适时对顾客表示认同	（1）倾听姿态正确 （2）顾客所述内容不遗漏
3	复述	将顾客投诉用自己的话语表达出来,表明已经掌握了顾客的投诉内容	（1）能正确复述顾客的投诉 （2）具有同理心
4	询问	询问顾客的期望,并针对顾客的期望做出具体的补偿	（1）能正确判断顾客期望 （2）能够提出合理补偿
5	协商解决	在掌握顾客期望的基础上,与顾客共同协商讨论解决方式,以达成双赢	（1）态度诚恳,语言得体 （2）协商结果令双方满意

问题情景 一

小刘在某眼镜店的线上小程序购买了一副隐形眼镜,在门店完成自提后,佩戴时发现无法看清东西,于是她去眼镜店进行投诉。如果你是眼镜店的店长,你会如何解决小刘的投诉?

提示:倾听,复述,询问,协商解决。

问题情景 （二）

　　张某从某门店的线上平台购买了一箱牛奶,收货一周之后拆封准备饮用,却发现牛奶变质。于是他拨打客服电话投诉,要求退货。作为门店负责人,你该如何处理?

　　提示:倾听客户意见,核对商品日期及信息,派相关人员上门取货,取货后对商品进行查验,如确实存在质量问题,予以退款。

五、学习结果评价

评价内容		评 价 标 准	评价结果(是/否)
活动完成情况	活动一	能正确处理顾客投诉并解决相应问题	
	活动二	能正确处理网络投诉及退货退款	

课后任务

　　(1)认真了解顾客投诉的产生原因,学习应对顾客投诉的方法和技巧,在网上搜集一些处理顾客投诉的案例,与同学交流讨论,从中学习处理顾客投诉的经验。

　　(2)与同桌玩"异议游戏",确定产品或主题后,每个人互相提出异议,由对方回答,直至有一方无法回答,此轮游戏方为结束。

职业能力 3-7-1　能调试、调取门店监控

核心概念

调试门店监控：使门店监控能够正常运行。

调取门店监控：根据需要从系统中查看所需的监控视频。

学习目标

1. 知识目标

• 能够概述门店监控的作用。

• 能够简述调试门店监控的步骤和基本要求。

2. 能力目标

• 能够独立完成或配合完成门店监控设备的安装与调试。

• 能够独立完成监控数据的调取。

3. 素质目标

• 养成尊重顾客隐私的职业习惯。

• 遵守国家及行业有关保护个人数据的法律和制度。

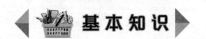

基本知识

一、门店监控的作用

1. 防盗

营业人员通过监控画面，可以及时发现门店异常并制止偷窃，从而达到防盗的目的。

2. 防损

营业人员可以通过监控发现并及时应对商品损坏问题，并以录像证据维护商家的利益。

3. 威慑

安装在固定位置的视频监控系统能对别有企图的人员起到威慑和犯罪劝阻的作用。

4. 解决纷争

营业人员收银差错或顾客遗忘物品等很容易引起纷争，调用监控录像能轻松解决类似问题。

5. 经营管理

智能监控不但能随时随地观察和掌握员工的工作情况,还能通过后台的大数据分析掌握门店内的客流、热门区域等情况,便于门店优化经营管理。

二、安装并调试门店监控

1. 门店监控安装点

门店监控主要安装点有门口、侧墙、收银台等。安装位置应视野开阔。

2. 监控的安装步骤

(1)拿出支架,准备好工具和零件,包括螺丝刀、钳子、电钻等。

(2)固定摄像机。先将支架固定到需要安装监控的位置,再将摄像机固定到支架上,如图 3-7-1 所示。

图 3-7-1 监控摄像头

(3)安装录像机硬盘。将硬盘安装到录像机中。

(4)连接录像机、摄像机。用网线把摄像头和录像机连接起来。

(5)接通显示器。将硬盘录像机与显示器连接,接通电源查看画面。首次开机时录像机会提醒设置密码,激活成功后,即可正常使用录像机。

3. 安装监控的注意事项

(1)摄像头安装时,一定要选择比较牢固的墙面,防止监控画面抖动。

(2)为不影响监控摄像头的转动,从摄像头引出线缆要留有 1m 左右余量。

(3)如果是红外一体化摄像机,要尽量避免强光直射。

(4)室内摄像头的安装高度以 2.5~4m 为宜,室外以 3.5~10m 为宜。

(5)如果不是红外一体化摄像机,在挪动、安装监控摄像头的过程中,尽量不要打开镜头。

(6)安装过程中不要用手触摸镜头,避免弄脏镜头。

4. 门店监控的调试

1)监控摄像头的调试方法

(1)打开监控摄像机自动电子快门功能。

(2)用控制器将镜头光圈调到最大。

(3)将摄像机对准 30m 以外的物体,聚焦调至最远处。

(4)用控制器调整镜头焦距,将景物推至最远,调整后使景物最清楚。

(5)用控制器调整镜头焦距将景物拉至最近,微调镜头使景物最清楚。

(6) 重复前两个步骤,直至景物在镜头变焦过程中始终清楚。

2) 调节监控方位

根据所需监控的大致方位调整摄像机,找到摄像机镜头的焦距和聚焦环(焦距可以调整视线角度和距离,聚焦就是看清楚),先大致调整焦距到中间位置,再调整聚焦看清楚。如果角度和距离不满足使用需求,先调整焦距(焦距越短,角度越大,距离越近,焦距越长,角度越小,距离越远),再调整聚焦,直到角度和距离满足使用需求。

三、调取门店监控

1. 调取门店监控的相关制度

(1) 未经许可,个人不得擅自提供、复制、传播图像信息资料;不得擅自删改、破坏图像信息资料的原始数据记录。

(2) 相关职能部门人员因工作需要调取、查看和复制视频、图像和相关资料,应当上报有关领导同意后方可提供。其他单位或个人不予提供视频资料。

(3) 对涉及公司秘密和员工个人隐私的图像信息予以保密。

(4) 任何单位或个人查询监控录像资料时,要如实填写监控录像调取申请表,对查询人员信息、调取区域和时间段、查看的原因等做好详细登记。

(5) 调取录像应由专人操作,如遇特殊情况,监控工作人员有权中止录像的调取。

2. 调取监控步骤

(1) 打开监控所连接的设备,通常为计算机。

(2) 打开视频监控软件,输入用户名以及密码。

(3) 选择菜单栏,找到回放栏目,选择远程点播。

(4) 选择监控区域,如收银台、店内、店门口等。

(5) 选择日期。

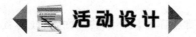
活动设计

一、活动名称

监控安装及数据调取。

二、活动条件

摄像机、录像机、支架、网线、显示器等。

三、活动组织

(1) 3 人为一组,其中一人担任组长,组织本组同学按要求完成监控的安装。

(2) 按照步骤完成监控的安装及调试,并调取所需数据内容。

(3) 每组轮流进行操作,其他同学对其进行点评。

(4) 安装监控时注意人身安全。

四、活动实施

序号	步 骤	操 作 说 明	服 务 标 准
1	固定摄像机	(1) 选择合适的位置 (2) 准备螺丝刀等工具 (3) 将支架固定到需要安装监控的位置 (4) 将摄像机固定到支架上	(1) 位置合适,视野好 (2) 支架稳固 (3) 从摄像头引出线缆要留有1米左右余量
2	安装录像机硬盘	(1) 用螺丝刀将录像机硬盘四周的螺丝拧下 (2) 轻轻打开外壳,硬盘底部向上 (3) 取出包装盒中的螺丝,将螺丝固定到硬盘底部的螺丝孔中。将硬盘底部向下对准机箱底部的4个孔轻轻放入,从底部固定4个螺丝 (4) 取出包装盒中的硬盘数据线和电源线 (5) 先将数据线插入主板,再对准硬盘的插口轻轻插入	(1) 注意硬盘正反面位置 (2) 不要损坏硬盘插口 (3) 四周螺丝要拧紧
3	连接录像机和摄像机	(1) 准备网线,将摄像头和录像机用网线连接起来 (2) 水晶头插入摄像头的网线接口,摄像头的电源口为备用接口 (3) 将网线另一头插入录像机的POE接口	(1) 能正确连接录像机与摄像机 (2) 在安装摄像头的过程中不要打开镜头
4	设置开机向导	(1) 将硬盘录像机连接到显示器 (2) 接通电源后,开机进入系统 (3) 首次开机时录像机会提醒设置密码,密码必须是8位数以上,必须是英文加数字的混合模式 (4) 激活成功	(1) 录像机能正常使用 (2) 能正确进行开机设置 (3) 能正常进入系统
5	开机试机	首次使用,安装向导会提示硬盘初始化。初始化硬盘之后,硬盘内所有的数据将会清空	能正确进行硬盘初始化处理
6	调试设备	安装向导通常包含两种录像模式,一种是全天录像,另一种是移动侦测录像。二者必须选择其一,否则无法正常录像	(1) 正确理解两种录像模式 (2) 能够针对店铺情况选择其一
7	调取数据	(1) 打开监控连接的设备,通常为计算机 (2) 打开视频监控软件,输入用户名以及密码 (3) 选择菜单栏、回放、远程点播 (4) 选择监控区域,如收银台、店内、店门口等 (5) 选择日期	(1) 能熟练操作 (2) 能准确调取所需数据

问题情景 一

张女士关注了某服装品牌的微信公众号,了解到了线下门店的折扣信息,于是她前往门店消费。在试衣服过程中,张女士误拿了其他顾客的随身物品,该顾客要求调看监控数据。

请问如何调取所需监控数据？

提示：按照调取监控的制度与程序操作，注意保护顾客隐私。

问题情景（二）

某大型生鲜新零售店收银区监控设备损坏，需要更换一套新的设备。请问如何安装新设备？

提示：按照安装监控设备的操作步骤开展工作。

五、学习结果评价

评价内容		评 价 标 准	评价结果（是/否）
活动完成情况	活动一	能调取门店监控信息	
	活动二	能完成门店监控的安装	

课后任务

（1）随着科学技术的发展，新零售门店使用的监控设备也在不断更新，请收集整理最新监控设备的相关材料，并讨论这些监控设备适合应用在哪种类型的新零售门店。

（2）尝试用一些比较容易找到的简易设备，设计拼装一套"监控设备"，并与团队试玩监控游戏。

职业能力 3-7-2 能完成设备异常处理

 核心概念

设备异常处理：在门店营运过程中，当设备出现异常时，能做出合适的应急处理。

学习目标

1. 知识目标
• 能够概述收银设备异常的处理方法。
• 能够说明虚拟穿戴设备异常的处理方法。

2. 能力目标
• 能够独立解决收银设备异常。
• 能够独立解决虚拟穿戴设备异常。

3. 素质目标
• 树立工作设备出现异常时冷静处理的态度。
• 养成平时多检查、养护设备，预防设备异常的良好职业习惯。

基本知识

一、收银设备异常处理

1. 收银计算机异常处理

如图 3-7-2 所示是门店常见的收银计算机。收银计算机可能会出现以下异常情况。

1）无法开机

（1）原因。收银计算机无法开机可能是因为电源处未通电、电源线未插好、系统及硬件故障等。

（2）处理方法。收银计算机无法开机时，应检查电源处是否通电，检查电源线是否插好，完成以上两点后，将电源线重插一遍尝试开机，若以上做法无法解决，通知维修人员。

2）宕机

（1）原因。收银计算机宕机通常是因为网络延迟造成程序运行过慢，或者数字键盘被锁定。

图 3-7-2　收银计算机

（2）处理方法。等待一分钟，观察是否是由于网络延迟造成的程序运行过慢；检查键盘 NumLock 键，按一下 NumLock 键观察指示灯是否正常，若正常，则打开任务管理器，结束进程；重启计算机。

3）无法连接网络

（1）原因。收银计算机无法连接网络通常是因为网线未插好、路由器故障或者网络故障。

（2）处理方法。检查网线，重点检查机箱后网线插口的指示灯是否亮起，如未亮起，重插网线；检查路由器，观察路由器指示灯是否正常；联系专业维修人员。

2. 自助收银机异常处理

如图 3-7-3 所示是常见的自助收银机。自助收银机可能会出现以下异常情况。

1）开机异常

（1）原因。自助收银机开机异常可能是因为电源接通异常、线路连接错误、硬件发生损坏。

（2）解决方法。检查电源是否接好；查看适配器是否存在使用不当，如果使用不当，断开电源重试；查看设备硬件是否损坏，如果是硬件损坏，则联系厂家维修。

图 3-7-3　自助收银机

2）触摸屏无响应

（1）原因。自助收银机触摸屏无响应可能是因为屏幕上有异物，或者触摸屏反射条纹局部被覆盖。

（2）解决方法。查看触摸屏上是否有异物；拔掉电源重启机器，尝试恢复；若无效，联系厂家维修。

3）无法连接网络

（1）原因。自助收银机无法连接网络可能是因为IP地址异常，或者没有正确选择网络线路。

（2）解决方法。检查IP地址等信息是否正确；尝试重启前端路由设备，检查连接网线后网口指示灯是否闪烁。

3. POS机异常处理

POS机是一种多功能终端，把它安装在信用卡的特约商户和受理网点中与计算机联成网络，就能实现电子资金自动转账，使用安全、快捷、可靠。如图3-7-4所示，是门店进行收银时常用的一款POS机。POS机可能会出现以下异常情况。

图3-7-4　POS机

1）卡纸或无法打印

（1）原因。POS机卡纸或无法打印可能是因为打印纸没有装好、纸槽内有异物、POS机电量不足等。

（2）解决方法。重装或更换打印纸；清理POS机内异物；将POS机充电后使用。

2）打印出空白页

（1）原因。POS机打印出空白页可能是因为纸盖未盖严或打印纸装反。

（2）解决方法。查看POS机纸盖是否盖严；检查打印纸是否安装错误，通常错误时会有指示灯提示，重新安装打印纸。

3）刷卡无反应

（1）原因。刷卡无反应可能是因为刷卡方式不正确或卡片消磁。

（2）解决办法。检查刷卡方式，查看受理的是磁条卡还是芯片卡，磁条卡则挥卡，芯片卡可挥卡或刷卡；如果出现的问题是单张卡片无法刷卡，建议持卡人向发卡银行询问。

4）无法连接网络

（1）原因。POS机无法连接到网络可能是因为网络中断或机器故障。

（2）解决方法。网络畅通后重启POS机；联络POS机维护人员协助修理。

二、虚拟穿戴设备异常处理

（1）原因。虚拟穿戴设备异常通常是由于接电异常、连接错误、硬件损坏、网络连接。

（2）解决方法。检查电源是否连接正确；查看触摸屏是否有响应；查看电源键是否损坏，如果是硬件损坏则联系厂家维修；查看网络连接是否正常。

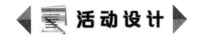 **活动设计**

一、活动名称

新零售门店设备异常处理。

二、活动条件

新零售实训门店、虚拟穿戴设备、感应货架、绝缘手套、维修工具等。

三、活动组织

（1）3人为一组,其中一人担任组长,组织本组成员完成设备异常的应急处理。
（2）每组交流讨论形成一份解决方案。
（3）其他组对其进行点评补充。
（4）注意设备的用电安全。

四、活动实施

序号	步　骤	操 作 说 明	服 务 标 准
1	询问设备异常情况	询问相关人员设备出现异常的情景	明确设备异常的具体情境
2	查看设备异常表现	查看设备出现异常的具体表现	明确设备异常的各类具体表现
3	检查是否能开机	查看硬件是否损坏,如果硬件损坏则联系厂家维修	明确电源键正常
4	检查电源连接	检查电源是否接好,查看适配器是否用错	（1）明确电源连接正确 （2）明确适配器适当
5	设备重启	断开电源重试	明确设备重启的程序
6	检查触摸屏有无响应	（1）查看触摸屏上是否有异物 （2）拔掉电源重启机器,验证是否可以恢复	明确触摸屏重启的程序
7	检查网络连接	（1）检查IP地址等信息是否正确 （2）尝试重启前端路由设备 （3）网线接上后网口指示灯是否闪烁	（1）明确门店网络IP地址 （2）明确重启路由器的程序
8	查看硬件是否损坏	查看硬件有无损坏,如果有损坏则联系厂家修理	明确硬件损坏的常见情况
9	系统重装	重新设置系统或恢复出厂设置	明确系统重装的程序及步骤
10	重启调试设备	重新启动设备,查看是否恢复正常	明确设备的重启及调试程序

问题情景 一

某新零售门店周末顾客较多,一位顾客在自助收银机结算时出现了宕机,如果你是工作人员,如何解决这一问题?

提示:从检查是否能开机、触摸屏有无响应、收银设备是否连接网络等角度解决。

问题情景 二

某新零售门店的工作人员小王在早上开店时,发现门店的虚拟穿戴设备无法正常开机,他该如何处理?

提示:检查电源是否接好,查看触摸屏是否有响应,查看硬件是否损坏,查看网络连接是否正常。

五、学习结果评价

评价内容		评价标准	评价结果(是/否)
活动完成情况	活动一	能正确处理门店自助收银设备异常	
	活动二	能正确处理门店虚拟穿戴设备异常	

课后任务

(1)向同桌概述如何处理虚拟穿戴设备、收银设备异常。

(2)假如你是某新零售门店负责人,早上开门时,发现三台收银设备一直黑屏,该如何处理?

4
第四部分

班后工作

职业能力 4-1-1　能更新商品补货信息

核心·概念

更新商品补货信息：通过对运营数据的统计和分析，制订动态的补货计划，实时更新补货信息。

学习目标

1. 知识目标

- 能够解释销售有效期、最迟到货点、交货周期、最迟补货点。
- 能够掌握补货相关指标的计算方法。

2. 能力目标

- 能够完成保守、正常、激进补货量以及存货周转天数、商品销售率、销售比重计算。
- 能够配合完成商品补货操作。

3. 素质目标

- 增强数据化管理与运营的意识。
- 重视门店补货策略和计划的制订。

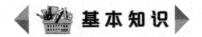

一、基于商品销售周期的补货计算

商品销售周期是指一种商品从引入门店上架销售，销量逐渐上升，达到销量峰值，然后销量不断下降直到某个低值附近的全过程，周期中有销售引入点、成长点、成熟点和衰退点四个重要时间节点。

1. 基本概念

（1）销售有效期指商品销售周期处在衰退点之前的时间段。

（2）最迟到货点指衰退点减去销售有效期后计算出来的时间点。

（3）交货周期是由补货时间、生产期、运输时间之和计算出的时间段。

（4）最迟补货点是用最迟到货点减去交货周期计算出的时间点。

2. 商品引入期的补货量计算

（1）保守补货量，即每周补货一次。

保守补货量＝引入期日销售量预算×7(天)

（2）正常补货量，即按照交货周期进行补货。

正常补货量＝引入期日销售量预算×平均交货周期

平均交货周期＝交货周期÷次数

需要注意，补货日期不得超过或到达最迟补货点。

（3）激进补货量，即按照衰退点进行补货。

激进补货量＝引入期日销售量预算×(衰退点－开始交货点)

其余各时期日销售量预算与引入期销售量之比为

成长期日销售量＝引入期日销售量×1.5

成熟期日销售量＝引入期日销售量×2

节日日销售量＝引入期日销售量×n(n 为 2～4.5 的数)

商品流行趋势、季节变化等也对商品补货信息的预算起着重要影响。例如，某种商品处于销售的旺盛时期，但由于该商品的流行趋势下降，会出现其他同类的新颖商品销量远高于该种类商品的销量；雨伞在当地多雨季节销量高，而在少雨季节销量低。所以在更新商品补货信息时，要考虑多方面的因素。

二、相关数据与补货的关系

1. 存货周转天数

（1）公式

存货周转天数＝360÷存货周转率

存货周转次数＝主营业务成本÷存货平均金额

存货平均金额＝(期初金额＋期末金额)÷2

例如，某门店商品销售成本为 120 万元，期初存货为 25 万元，期末存货为 15 万元。则：

存货平均余额＝(25＋15)÷2＝20(万元)

存货周转率＝120÷20＝6(次)

存货周转天数＝360÷6＝60(天)

（2）意义

存货周转天数用于预测商品库存还能维持几天的销售。根据存货周转天数的大小，可以确定是否需要补货、采取哪种方式补货。当存货周转天数过低时，需要进行激进补货，补货数量为计算得出的激进补货量。

2. 商品销售率

（1）公式

商品销售率＝某种商品的销售数量÷该种商品的进货总数×100％

例如，某门店 A 商品的销售数量为 300 件，该种商品的进货总数为 1 800 件，则商品销售率为 300÷1 800×100％＝16.67％。

（2）意义

根据商品销售率的大小，可以确定商品是否需要补货。商品销售率越高，则越需要补货，反之，则可以适当补货，甚至不补货。

3. 销售比重

（1）公式

销售比重＝某种商品的销售额÷所有商品的总销售额

例如，某门店 A 商品的销售额为 2 000 元，所有商品的总销售额为 10 000 元，则销售比重为 2 000÷10 000＝0.2。

（2）意义

通过销售比重，可以计算出在商品生命周期的同一时期中某种商品的销售情况，从而确定是否需要对该商品进行补货。销售比重越大，越需要积极补货，反之，则可以适当补货，甚至不补货。

三、新零售门店补货策略

对于新零售门店而言，可以使用如图 4-1-1 所示的简易方法进行补货量预测。

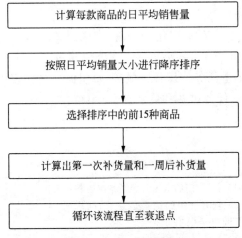

图 4-1-1　商品补货流程

其中，第一次补货量＝日平均销售量×7 天；一周后补货量＝日平均销售量×7 天。

执行该流程后，要根据每周商品销售情况的反馈信息，计算出新的日平均销量，对所有商品进行重新排名，选出新的前 15 种商品并预估上货后日均销售量，根据已有订单量（包括日均销售量及待发量）及出货时间，预计现有库存能维持的时间，预测一个交货周期的补货量。流程持续到衰退点为止。

四、补货

门店不同商品组根据补货策略及补货量数据，向上级部门申请，对库存不足商品进行补充。

（1）商品组提交补货报告及申请表。

（2）公司主管审批后交上级采购部门。

（3）采购部门审批后纳入采购计划。

（4）采购部门向有关厂家或企业采购商品。

（5）商品分拨、到店入库。

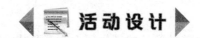 活动设计

一、活动名称

门店常规补货。

二、活动条件

新零售一体化实训室、计算机、门店××月经营情况资料包(可包含门店各区域的经营数据、门店情况说明、答题电子模板)、投影仪、纸、笔。

三、活动组织

(1) 3～5 人为一组,每组选出一个组长。

(2) 每组有不少于一台计算机,可用于查看、完成课堂活动。

(3) 小组任务时间为 30 分钟,各小组展示时间不超过 3 分钟。组长自主分配任务,小组成员互相配合、协助完成小组任务。任务完成后,每组派一名代表讲解、展示任务结果。

(4) 教师负责给各组的任务讲解和展示评分、小结。

四、活动实施

序号	步骤	操作说明	服务标准
1	查看商品销售信息	(1) 打开"门店××月经营情况资料包" (2) 查看其中的销售信息、情况说明、答题电子模板等	(1) 能够正确使用软件 (2) 能够找到并查看销售信息
2	整理、分析数据	(1) 对商品销售信息进行统计整理 (2) 得出商品的销售有效期、最迟到货点、交货周期、最迟补货点	(1) 能够对不同种类商品销售情况进行分类统计 (2) 能够计算出商品的销售有效期、最迟到货点、交货周期、最迟补货点
3	计算商品补货信息	(1) 测算基于销售周期的补货量 (2) 计算相关补货指标	(1) 能够准确计算出保守补货量、正常补货量和激进补货量 (2) 能够正确计算出存货周转天数、商品销售率、销售比重
4	制订商品补货计划	综合以上数据,结合零售门店的补货策略,制订补货计划	能够根据计算结果和补货策略制订补货计划
5	更新商品补货信息	(1) 根据要求将商品补货信息上传至企业管理平台 (2) 处理平台中原有的补货数据	(1) 能够及时准确上传信息 (2) 能够正确调整原有数据

续表

序号	步　骤	操 作 说 明	服 务 标 准
6	补货	(1) 商品组提交补货报告及申请表 (2) 公司主管审批后交上级采购部门 (3) 采购部门审批后纳入采购计划 (4) 采购部门向有关厂家或企业采购商品 (5) 商品分拨、到店入库	(1) 补货报告及申请表与计算数据核对无误 (2) 补货申报程序准确 (3) 采购商品分拨准确 (4) 商品入库及时无误
7	总结与分享	(1) 各个小组将收集的商品销售信息、计算的商品补货信息、分析的商品补货信息及补货流程做成PPT (2) 各小组派出一名成员负责讲解 (3) 提出活动中出现的问题并开展讨论 (4) 对活动的开展进行分析总结	(1) PPT制作要求简洁大方,能突出重点 (2) PPT讲解要求能使其他小组理解 (3) 能够分析总结其他小组和本小组收集、计算信息的差异 (4) 能通过讨论、分析解决问题

问题情景（一）

假设你是某大型新零售门店的店员,每个月需要提交店员各自负责区域的相关销售统计数据,使店长了解门店经营情况和制订门店的补货计划。请登录教学软件,完成自己负责区域相关销售数据的统计,提交给店长。

提示:按软件操作统计相关数据。

问题情景（二）

假设你是某大型新零售门店的店长,每个月需要汇总店员提交的销售数据,了解门店的经营状况,并制订补货计划。请根据本月店员提交的数据,制订门店的补货计划并完成补货。

提示:根据数据计算补货量制订补货计划。

五、学习结果评价

评价内容		评价标准	评价结果(是/否)
活动完成情况	活动一	(1) 能够对不同种类商品销售情况进行分类统计 (2) 能够准确计算出保守补货量、正常补货量和激进补货量	
	活动二	(1) 能够正确计算出商品存货周转天数、商品销售率、销售比重 (2) 能结合门店的补货策略,制订补货计划	

课后任务

(1) 默写出保守补货量、正常补货量、激进补货量、平均交货周期、存货周转天数、存货周转次数、商品销售率的计算公式。

(2) 请思考作为一家新零售门店,存放商品的空间相对较小,并且可以从总部随时调配商品,怎样更科学地进行门店商品补货?

职业能力 4-1-2　能完成破损、临期商品处理

核心·概念

破损、临期商品处理：门店对破损、临近保质期的商品进行销毁、打折出售或退货等处理。

学习目标

1. 知识目标

- 能够画出破损商品的处理流程图。
- 能够概述临期商品的管理要求。

2. 能力目标

- 能够独立完成破损商品的处理。
- 能够独立完成临期商品的处理。

3. 素质目标

- 提高产品质量意识，加强对商品的管理和质量的把控。
- 能够重视破损商品和临期商品对顾客可能造成的影响。

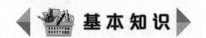

基本知识

一、破损商品的处理

1. 破损商品产生的原因

破损商品产生的原因一般包括顾客拆封、顾客蓄意破坏、处理商品时不慎损毁、结账时掉落地面造成损毁、包装不良、运输过程中造成的损毁等。

2. 破损商品常见的处理原则

（1）应每日整理避免堆积过多或任意丢弃。

（2）可自行包装的商品尽可能重新包装销售。

（3）若破损商品不影响使用，应折价处理。

（4）因供货商造成的损毁，应申请退换。

（5）若商品破损影响正常销售，应确认报损。

3. 破损商品的处理流程

（1）一般情况下的破损商品处理流程如图 4-1-2 所示。

① 在销售过程中出现破损商品，营业员应停止该商品的销售，将其撤下货架，在仓库指定区域保管。

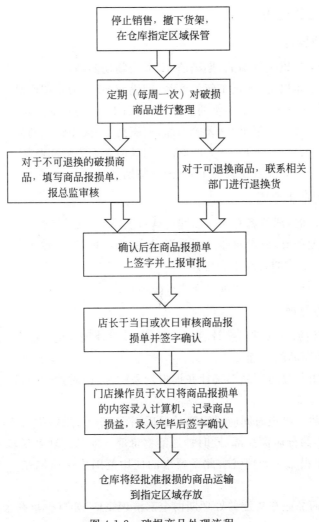

图 4-1-2　破损商品处理流程

② 店长定期(每周一次)对破损商品进行整理,对于不可退换的破损商品,填写商品报损单,报总监审核;对于可退换商品,则联系相关部门进行退换货;除采购部批复"到期可退"的商品外,所有需要退换货的商品,应在盘点日前完成退换。

③ 相关人员应于当日或次日,向门店店长申报残损品情况,对于可退货或可再行销售的商品应严格控制报损,确认后在商品报损单上签字并上报审批。

④ 店长应于当日或次日审核商品报损单并签字确认。

⑤ 门店操作员于次日将商品报损单的内容录入计算机,记录商品损益,录入完毕后在商品报损单上签字确认。

⑥ 仓库将经批准报损的商品运输到指定区域存放。

(2) 在某些特殊情况下,营运部会对破损商品批复"自行处理",此时则由门店店长视具体情况进行相应的促销或销毁。

二、临期商品的处理

1. 临期商品的界定

（1）保质期为 1 年以上的商品，期满前 45 天为临期商品。

（2）保质期为半年以上、不足 1 年的商品，期满前 20 天为临期商品。

（3）保质期 90 天以上、不足半年的商品，期满前 15 天为临期商品。

（4）保质期 30 天以上、不足 90 天的商品，期满前 10 天为临期商品。

（5）保质期 16 天以上、不足 30 天的商品，期满前 5 天为临期商品。

（6）保质期少于 15 天的，期满前 1～4 天为临期商品。

2. 临期商品的产生原因

（1）市场基础薄弱，消费者对于该品牌的认可度不高，商品滞销。

（2）频繁更换业务员，或者对商品不重视，只铺货不理货，导致理货、促销、市场回访、陈列、退换货等一系列工作的处理不到位。

（3）价格体系不稳定，门店低价时囤货过多但销量不佳，商品临期不能退换。

3. 临期商品的处理

临期商品应该指派专人进行统计、监控、处理，及时处理临期产品，避免出现过期产品。

1）可退货临期商品的处理

（1）临期商品由各分店商品部统计并提报给采购部，同时抄送一份给物价部；统计和申报责任人为商品部主管。

（2）临期商品清理申报时间应早于商品保质期前 35 天；采购中心需将处理方案在商品保质期前 30 天反馈给分店商品部，同时抄送给物价部。如果处理效果较差（时间过半，销售数量没有过半）可申报二次处理（注：此条要求的使用范围为保质期在一年以上（含一年）的商品）。

（3）所有临期商品应在规定的处理期内全部清理完毕，如有少量剩余，按退货操作。

2）不可退货临期商品处理

（1）操作流程与可退货临期商品处理流程相同，但不可退货。

（2）保质期为 6 个月以下（含 6 个月）、3 个月以上的商品，在保质期前 1 个月进行清理申报；保质期为 1 年以下（含 1 年）、6 个月以上的商品，在保质期前 3 个月进行清理申报；保质期为 2 年以下（含 2 年）、1 年以上的商品，在保质期前 5 个月进行清理申报；保质期为 2 年以上的，在保质期前 8 个月进行清理申报，采购部在收到分店提报当日起，5 天内必须将处理方案反馈给分店商品部。

（3）所有临期商品应在规定的处理期内全部清理完毕，如有少量剩余（剩余数量少于申请数量的 20%），按报损操作。

3）临期商品处理的注意事项

（1）退货处理时，分店商品部应在采购要求的时间内将所有临期商品清退，并及时向采购反馈清退进度。

（2）促销清仓活动必须在指定的区域内进行，并明确标示"清仓处理"等字样。

（3）所有处理方案必须经采购总监审批后下发分店，如需负毛利操作必须经总经理审批后执行。

（4）做好商品保质期的分阶段监控,当商品已过保质期的一半时要引起关注,已过 3/5 时要开始促销,已过 4/5 时则要大力促销,分阶段处理滞销品能够尽可能高价值地回收商品价值,避免过度损失。

（5）专门设置临期商品促销柜台或货架区域,折价处理,把滞销品的处理常态化。

（6）周末选择客流量大的时间促销滞销商品,给予顾客一定的优惠。

4）常用的处理临期商品的方式

（1）作为赠品。用临期商品捆绑临期或正常商品进行销售。

（2）特价销售。将临期商品降价或打折促销,或将两瓶以上的产品绑在一起进行特价销售。

（3）作为试吃品。在社区或者超市开展试吃和免费赠送等活动,吸引消费者,打开市场。

（4）特殊陈列。在以上三种方法的基础上,进行特殊的陈列,如地堆、造型、手推车等,并积极宣传,营造一种抢购的氛围。

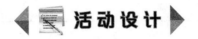 活动设计

一、活动名称

制订商品处理方案。

二、活动条件

商品、活动资料包(包括××门店商品的处理管理办法、××月××区商品情况统计表、商品商品报损单等)。

三、活动组织

（1）5～6 人为一组,其中一名同学扮演店长,负责组织本组同学完成活动任务要求,一名同学扮演采购人员,一名同学扮演物价部人员,一名同学扮演商品部主管,一名同学扮演店员。

（2）小组任务时间为 30 分钟,组长自主分配任务,小组成员互相配合、协助完成小组任务。任务完成后,老师随机抽取一组展示任务结果。

（3）教师负责评分、小结。

四、活动实施

序号	步骤	操作说明	服务标准
1	判断商品属性	（1）判断商品的属性(正常、临期、破损) （2）对同属性商品进行归类	（1）能正确判断商品属性 （2）能够准确将同属性商品归类

续表

序号	步 骤	操 作 说 明	服 务 标 准
2	制定处理方案	(1) 对破损商品给出相应的处理方法 (2) 对临期商品给出相应的处理办法 (3) 汇总、整理破损、临期商品的处理办法写成商品处理方案	(1) 能对照门店商品的处理管理办法,给出破损、临期商品的处理办法 (2) 能将以上结果整理成文字和清晰的表格,备注简要说明理由
3	完成破损商品处理	(1) 设计、制作商品报损单 (2) 按照商品报损流程完成各环节手续	(1) 店员制作商品报损单,报店长审批 (2) 店长审批、签字后上报
4	临期商品处理	(1) 制作临期商品处理申报表,提交给相关部门 (2) 相关部门对临期商品处理申报表进行审批	(1) 临期商品处理申报表的制作正确无误 (2) 对临期的商品的处理办法审批准确无误
5	点评	(1) 随机抽取一组同学的商品的处理方案和商品报损表、临期商品处理申报表进行课堂展示 (2) 教师分析、点评	(1) 能仔细观察其他组的方案和报损表内容 (2) 能通过个人思考和小组讨论给出想法和意见 (3) 结合教师的点评检验自己的学习成果

问题情景 一

某便利店百货部日常检查中发现了一批破损商品,请问应如何处理?

提示:按照破损商品的处理原则和流程进行。

问题情景 二

假设你是某门店商品部主管,请根据店长批复的《××月门店××区商品管理方案》,制作完成《××月门店临期商品处理申报表》。

提示:按照临期商品处理要求填写。

五、学习结果评价

评价内容		评价标准	评价结果(是/否)
活动完成情况	活动一	能判断商品破损原因 能按流程进行报损	
	活动二	能正确填写商品报损单 能按照商品报损流程完成各环节手续 能按照临期商品处理原则,完成申报	

课后任务

(1) 如果你所在的便利店,在日常商品库存盘点中,发现几款在售的网红盲盒存在破损,但是在仓库中的盲盒却保存完好。针对这种情况,为了减少损失,请思考应该怎么做?

(2) 独立画出破损商品的处理流程图。

职业能力 4-2-1 　能检查门店安防措施

核心·概念

安防措施：为保障门店运营秩序及财产安全而制定的一系列举措。

学习目标

1. 知识目标
- 能够列举门店主要安防设备。
- 能够概述门店安防制度。

2. 能力目标
- 能够合理配备门店安防人员。
- 能够完成检查门店安防设备的操作。

3. 素质目标
- 树立门店安全防护意识。
- 培养团队协作的精神。

◆ 基 本 知 识 ▶

一、门店主要安防设备

1. 电力照明设备

新零售门店内的电力设备包括电闸控制箱、灯具设备、电路、电线等。如图 4-2-1 所示是某新零售门店安装的负责各区域照明设备的电闸控制箱，可以在门店客流量较低的时候选择性地关闭无客区域的电闸。

2. 消防设备

消防设备指门店内的火灾自动报警系统、室内消防栓、室外消防栓等。如图 4-2-2 所示是某门店内的消防设备。

3. 监控设备

监控设备包括摄像机、镜头、摄像机防护罩和支架、监听器、监视器等。如图 4-2-3 所示是大多数门店为防止监控摄像机损

图 4-2-1 　电闸控制箱

坏而使用的摄像机防护罩。

图 4-2-2　消防设备　　　　　　图 4-2-3　摄像机防护罩

4. 其他设备

其他设备主要包括安全出口、疏散通道等标牌提示。如图4-2-4所示是某新零售门店疏散通道处的安全出口指示牌。

图 4-2-4　安全出口指示牌

二、门店安防措施

1. 基本制度

（1）各部门、区域经理是本部门、本区域安全的第一负责人，各门店的店长是门店第一安全负责人，负责门店内所有新、老员工的安全知识和技能培训。

（2）各部门、区域做好安全分工工作，设立安全小组，各小组人员分别承担相应的安全义务，积极做好相关安全宣传指导工作。

（3）各部门、区域工作人员必须清楚了解本区域内的电路总分开关以及管辖范围内的灭火器存放位置、水源开关位置、暖气开关位置、卷帘门遥控器存放位置。

（4）各区域负责人每天早晚都应巡视本区域环境，包括门窗、牌匾、水电、电源等，确保安全。

2. 人员配备

（1）总负责人（1名），负责整个门店的安全管理，一般是各门店的店长。

（2）助理（1名），负责将店长安排的安全事项传达给下级并监督完成情况。

（3）消防设施检修员（1～3名），负责门店消防设备的检查与维修。

（4）电力设备检修员（1～3名），负责门店所有电力设备的检修与维护。

（5）监控设备检修员（1名），负责门店监控设备的检修与维护。

（6）其他设备检修员（1名），负责门店门窗、疏散通道、安全出口等设备的检修与维护。

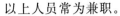

以上人员常为兼职。

三、检查门店安防设备的流程

1. 分区域检查流程

分区域检查即分区域逐个进行检查,检查电力、照明、消防、监控等安防设备、措施是否到位。

（1）一般将每周三定为安全检查日,由店长作为总负责人,安排检查工作。

（2）严格按照各设备的安防标准进行检查,对于未达到标准的区域,负责人要进行指导。

（3）检查路线一般为外围灯箱、玻璃、门窗→各个安全通道→监控设备→消防设备→电力设备,不一定严格按照这个检查顺序,但每一个部分都要检查到位。

2. 专项检查流程

1）电力照明设备检查

（1）区域或门店工作人员定期巡视、检查以及检修,发现问题及时上报并整修,避免耽误门店正常运营。

（2）配电室辖区内严禁摆放商品等杂物,严禁无关的工作人员进入配电室工作区域。

（3）配电室及配电箱整洁、无杂物、无损坏的元器件。

（4）电器设备的边缘无破损,绝缘电阻值合格,设备的裸露带电部分有保护,电器接地、接零线路正确、可靠,门店内的商品与照明等电气设备要保持安全距离。

（5）确保电器设备散热性能良好,不能在周围堆放易燃易爆物品及杂物。

（6）电源插座牢固,无损坏、漏电的情况,严禁插接过多的插头。

（7）电线必须由专业的工作人员设置,不得乱搭接电线、插座。

（8）擦拭带电设备时,一定要切断电源,严禁向带电设备喷水、清洁剂等液体。

（9）门店临时用电线路、插座等必须由专人负责看管。

2）消防设备检查

（1）营业期间安全出口门禁止上锁,严禁杂物遮挡。

（2）严禁在消防主通道以及疏散通道内堆积物品。

（3）班后检查时要仔细观察各个角落是否遗留火种,电器、电源是否关闭。

（4）消防设备分布位置必须合理并符合相关部门的要求。

（5）消防设备必须能够正常使用,无失效、损坏。

（6）消防设备不得被随意移动或挪作他用。

（7）消防设备不能被其他物品遮挡。

（8）消防设备的指示牌必须清晰可见且完整。

（9）物品摆放与消防器材之间的距离不小于50cm。

3）监控设备检查

（1）监控设备的主机和显示屏能够正常运作,每天上下班各检查一次。

（2）摄像头无污物遮挡,信号的接收正常,摄像头如果可以转向,检查其转向是否正常。

（3）整个监控设备的线路正常,无磨损或破裂。

（4）监控系统的计算机不能被挪用,应限制网络、设置密码,防止有人违反规定。

（5）监控室及设备的卫生清洁状况良好，物品摆放整齐。

4）门窗检查

（1）门窗无破损，边角完好，四周部件搭接均匀。

（2）门窗活动灵活，能顺利上锁与开锁。

（3）门窗开闭时平稳，打开时不会磕碰其他物品，锁紧后无异常晃动。

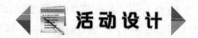

一、活动名称

检查门店安防设备。

二、活动条件

实训室、相关检查制度、检查表格。

三、活动组织

（1）5人为一组，其中一人担任店长，负责组织本组成员按要求完成活动。

（2）小组成员分工合作，其一人为消防安全检修员，一人为监控安全检修员，一人为电力设备检修员，一人为其他设备检修员，一人为店长。

（3）店长与各设备检修员检查门店安防设备并做好记录。

四、活动实施

序号	步 骤	操 作 说 明	服 务 标 准
1	检查电力照明设备	按操作规范检查配电室、所有电力设备、电线、电源、照明灯具、广告牌	（1）检查方法正确 （2）检查问题全面 （3）能够准确发现问题
2	检查消防设备	检查门店内的消防器以及放置位置、消防指示牌、消防通道	（1）检查方法正确 （2）检查问题全面 （3）能够准确发现问题
3	检查监控设备	检查门店内的监控系统，包括所有的摄像头、主机和显示屏、监控设备的线路	（1）检查方法正确 （2）检查问题全面 （3）能够准确发现问题
4	检查门窗	检查门店内的门窗	（1）检查方法正确 （2）检查问题全面 （3）能够准确发现问题
5	讨论分享	组长召集大家就完成情况进行讨论，总结完成情况并与其他小组分享	（1）讨论全面 （2）总结完整 （3）分享清晰

某咖啡店在重新装修的过程中增加了落地玻璃窗和侧门,并在二楼增设了露台,在进行门店安防检查时,应该怎么做?

提示:重点注意门窗的安防功能是否正常,如门窗活动灵活,能顺利上锁与开锁,门窗开闭时平稳,锁紧后无异常晃动等。

某新开张的大型品牌服装店需要配备安防设备检察人员,请问应该安排哪些岗位?

提示:消防设施检查员、电力设备检修员、监控设备检修员、其他设备检修员等。

五、学习结果评价

评价内容		评价标准	评价结果(是/否)
活动完成情况	活动一	能对门店门窗进行安防检查	
	活动二	能根据实际情况合理安排安防设备检查人员	

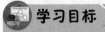

(1)以小组为团队,假设本团队开设了一家新门店,列举门店主要的安防设备,并设计出门店的主要安防制度。

(2)认真收集门店常用监控设备的信息,了解对这些设备进行检查时需要检查什么内容,并将收集到的资料整理成文档。

职业能力 4-2-2 能完成门店清洁

核心·概念

门店清洁:通过对门店进行打扫为顾客创造一个干净、舒适的购物环境,树立品牌形象。

学习目标

1. 知识目标

• 能够掌握门店清洁要求。

• 能够熟知门店内各位置清洁标准和操作规范。

2. 能力目标

• 能够按标准进行门店清洁。

• 能够做好门店内各位置的清洁。

3. 素质目标

• 培养时刻保持门店清洁的职业素养。

• 养成良好的卫生习惯。

基本知识

一、门店清洁工具

1. 清洁工具配备

扫把、垃圾铲、垃圾桶、地拖、地拖桶、水桶、毛巾、玻璃刮、去污粉、玻璃水、清洁剂等，有需要的门店可配备铝梯。

2. 清洁工具放置要求

（1）每次使用之后，将工具彻底清洁，放置到洗手间、库房或指定位置，一般放置在通风且不得影响门店环境的位置。

（2）毛巾、地拖、扫把应尽量悬挂，不堆放在地面上，这样不易弄脏且容易晾干。

二、门店清洁标准和操作规范

1. 货架

1）标准

商品摆放整齐、无积灰、无污痕。

2）操作规范

（1）将货品移出货架，擦净货架后，将取出的商品放回原处并整理好。

（2）擦拭货架时应从上至下，由内到外，先擦板面再擦边缘。

（3）注意货架玻璃的正反两面、立柱及货架底层的清洁。

（4）对纸盒包装及商品标签是纸材料的商品进行清洁时，不要损伤商品包装及商品标签。

（5）货架清洁后，按商品包装特性适当地对其进行清洁，并按先进先出原则重新陈列在货架上。

（6）责任人应做好责任区货架和商品卫生的保持工作。

2. 玻璃门

1）标准

清洁、明亮、无污迹、无水迹。

2）操作规范

（1）每天擦拭一次，若发现有污点应立即擦拭干净，使用干净的湿抹布或者专用玻璃擦。

（2）玻璃包边应在清洁时一起擦拭干净。

（3）清洁玻璃后，应用拖把清洁地面的水迹，及时清除垃圾。

3. 桌面、柜台

1）标准

干净、整洁，桌面无私人物品。

2）操作规范

（1）每天对桌面、服务台、收银台上的所有设备清扫一次，不放置私人物品。

（2）桌面上样品、收银设备摆放整齐，并保持清洁卫生。

4.橱窗与模特

1）标准

（1）模特保持干净、无灰尘及污渍。

（2）橱窗保持干净、无指纹或污渍。

2）操作规范

（1）掸去除模特服装上的灰尘，使用湿抹布擦洗裸露部位，整理模特衣着。

（2）将玻璃清洁剂均匀喷洒至玻璃上，再使用玻璃清刷刮洗干净。

5.样品

1）标准

表面无灰层、无污渍，摆放整齐。

2）操作规范

使用湿抹布擦洗样品表面，注意保持样品形状，组合样品摆放整齐。

三、门店日常清洁安排

（1）每日早晚清洁。

（2）营业过程注意保持卫生，做到随手清洁、及时整理。各责任区负责人如发现区内地板、商品、货架等有灰尘、污渍，应在不影响顾客购物的情况下，随时进行清洁。

（3）由店长或副店长每日检查。

（4）每天入店后，值班人员按照要求检查门店卫生。

（5）每天入店后，店内人员按区域打扫卫生。

（6）每月盘点期间全体店员一起做门店大扫除。

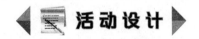

一、活动名称

门店清洁。

二、活动条件

新零售实训室、毛巾、玻璃刮、清洁剂、水桶。

三、活动组织

（1）5人一组，其中1人担任组长。

（2）每组成员轮流按照要求完成门店清洁。

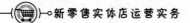

（3）完成一组操作之后，师生及时点评纠错。

四、活动实施

序号	步骤	操作说明	服务标准
1	清洁玻璃门	（1）扫净门口的地面，清水清洗地面并吸干 （2）用毛巾和清洁剂擦干净玻璃门	（1）地面干净清洁 （2）玻璃门洁净
2	清洁货架	（1）将商品移出，从上至下，由内到外，先擦货架板面再擦边沿 （2）将取出的商品放回原处并整理好	（1）货架清洁干净 （2）商品摆放整齐，无灰尘、无污痕
3	清洁商品	（1）按照商品包装特性适当地对其进行清洁 （2）清洁完成后按先进先出原则将商品重新陈列在货架上	（1）商品干净整洁无损坏 （2）商品陈列整齐，遵循先进先出原则
4	清洁柜台	（1）清扫桌面、服务台、收银台上的所有设备 （2）保持桌面样品、收银台设备物品摆放整齐	（1）柜台干净、整洁 （2）桌面无私人物品
5	清洁橱窗	（1）将玻璃清洁剂均匀喷洒至玻璃上 （2）使用玻璃刮清洗干净	橱窗干净无任何指纹或污渍
6	清洁样品（样机）	（1）使用湿毛巾擦洗样品（样机）表面 （2）将组合样品摆放整齐	（1）样品表面干净无灰层 （2）组合样品摆放整齐，样品无损坏
7	开展活动总结，进行小组讨论	（1）对活动中出现的不规范操作进行分析 （2）对过程中需要注意的地方重点强调 （3）对活动中出现的问题开展讨论	（1）能够明确不规范操作 （2）能突出操作重点 （3）能及时改正问题

问题情景（一）

某服装店由于近段时间业务繁忙，忘记调换模特身上的样品服装，以至于在店长检查时发现服装上落了灰尘并有一些折皱，应怎样处理？

提示：使用鸡毛掸去除模特服装的灰尘，使用湿毛巾擦洗裸露部位，整理模特衣着整齐。

问题情景（二）

一位母亲带着孩子来门店购物，孩子手中的饮料不慎洒在商品上。如果你是门店清洁员，你该如何做？

提示：等孩子走后，擦净商品，重新理货陈列。

五、学习结果评价

评价内容		评 价 标 准	评价结果(是/否)
活动完成情况	活动一	能按照门店清洁标准清洁模特	
	活动二	能按照门店清洁标准清理货架和商品	

课后任务

（1）收集由于门店清洁不当而导致不良后果的案例，并总结经验教训。

（2）假设你开了一家花店，请列举出你的门店清洁要求及门店内各位置清洁标准和操作规范。

工作任务 4-3 结账与盘点

职业能力 4-3-1 能完成门店缴款结账

 核心·概念

缴款结账:将门店每日收益与实际情况进行核对审查,判断是否有错收、错记等情况,并将所收钱款上缴财务部门。

学习目标

1. 知识目标
- 能够简述门店缴款结账流程。
- 能够概述门店缴款结账制度。

2. 能力目标
- 能够绘制并填写销售缴款单。
- 能够按照流程进行门店缴款结账。

3. 素质目标
- 严格遵守缴款结账财务制度。
- 养成细心严谨的工作习惯。

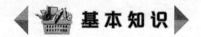 **基本知识**

一、门店缴款结账流程

门店缴款结账必须严格遵守财务流程,如图 4-3-1 所示。

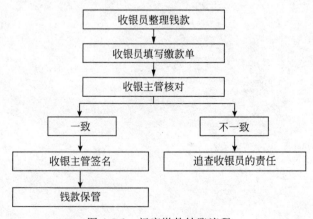

图 4-3-1 门店缴款结账流程

1. **收银员整理钱款**

收银员当班工作结束后,在相关人员的监督下到指定地点整理门店当日收入以及剩余备用金。

2. **收银员填写缴款单**

收银员核清钱款后按照规定填写销售缴款单并签名,销售缴款单如表4-3-1所示。

表 4-3-1 销售缴款单

门店名称: 值班人: 年 月 日

序号	商品名称	数量	单价	收款方式	实际收款金额	收银台序号
金额合计			大写:			

收银主管签名:

防损员签名:

3. **收银主管核对**

收银主管核对当日营业收益与销售缴款单记录是否一致,若一致则在销售缴款单上签名并将第二联交还收银员,第一联由收银主管保存;若不一致,则追查收银员的责任。

4. **钱款保管**

核对当日营业收益之后,收银主管负责在相关人员监督下将营业款放入保险柜。

会计人员要定期汇总门店收益情况,定期将账本记录的数字金额与实际存款金额、资金流动等进行核对。核对形式包括账账核对、账实核对、账表核对。

(1)账账核对是指各种账簿之间有关记录的核对,应做到账账相符。

(2)账实核对是指各种财产物资的账面余额与实存数额的核对,即核对各个明细账和实际资金流动情况。

(3)账表核对是指财务报表各项目的数据与有关的账簿的核对,以判断报表各项目的数据是否存在差错,报表是否如实反映了被审计单位的财务状况、经营成果和现金流量。账本格式如表4-3-2所示。

表 4-3-2　账本格式示例

销售日期	品名及规格	单位	数量	单价	应售金额	折率(活动内容)	实售金额	备注

二、网络、数字货币收银结款对账

在对网络、数字货币收银进行结款对账时,需要将收银系统中的资金变化情况与实际销售货物的金额进行核对,在确认无误后再录入数据。

网络平台接入系统后,其对账流程如图 4-3-2 所示。

图 4-3-2　对账流程

1. 对账单获取

系统根据实际交易情况筛选账单,账单自动导入到收银系统当中。

2. 数据规范

网络平台一般有较多支付渠道,应先针对不同平台提供的对账格式、规范进行转换,再进行对账。

3. 对账核心

进行对账时,需将对账单中订单、金额与网络平台系统订单、金额进行比对。

4. 结果输出

对账显示无差异,则可以输出结果,并传输到分账结算的步骤。如果存在差异,则需要进行差错处理。

5. 差错处理

差错处理的目的是清点账务,找出并解决差错,最终完成对账。

三、门店缴款结账制度

(1)当日销售额及时、准确记录,避免出现账目差错。

(2)每日销售情况要严格填写销售缴款单,内容与当日销售情况一致。

(3)营业款数目核对及存入保险柜时,防损员要坚决维持现场秩序,禁止无关人员介入。

(4)收银员填写销售缴款单时不得出现涂改,并使用复写纸填写,一式三联。

(5)当日营业结束后,门店防损员负责确定每台收银机数据均已上传,并将每台收银机上的解款表打印出来。

(6)收银主管在对收银员填写的缴款单据核实清楚并将营业收款全部放入保险柜后,方可核对收银员的长短款。

(7)对于因收银员少收、漏收或多收引起的短款或长款,应按照门店相关条例处理:营业收款存在短缺,除补齐缺款之外,按照相关条例进行处罚;营业收款出现长款,除全部上交公司外,应当按照相关条例进行处罚。

(8)收银员必须在1天之内补交短款,确保应缴与实缴金额一致。收银员在补交短款之后要补填写实缴合计。

四、门店销售数据统计

门店销售数据统计常用以下四个指标。

1. 平均数

平均数是指一组数据求和后除以数据个数得到的数,常用来计算门店日均/周均销售额、平均客单价、平均客件数等。

2. 四分位数

四分位数是指一组数据排序后处于25%和75%位置上的数,常用来统计门店不同种类商品销售情况。

3. 标准差

标准差是各个数值与其平均数离差平方的平均数,常用来衡量各天/周/月销售量与每天/周/月销售量平均数的离散程度。

4. 标准分

标准分即标准化值,表示某个数值距离平均值有多少个标准差,常用来衡量门店销售是否达标。

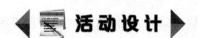 活动设计

一、活动名称

门店缴款结账。

二、活动条件

教学软件、销售缴款单、练功钞、秒表等。

三、活动组织

(1) 3～5人为一个小组,其中1人担任收银主管,1人担任防损员,其余为收银员。
(2) 收银主管组织团队开展模拟结账活动。

四、活动实施

序号	步骤	操作说明	服务标准
1	整理现金钱款	(1) 按照面额由大到小依次清点现金 (2) 记录结果	(1) 5分钟内完成清点 (2) 金额记录准确
2	填写销售缴款单	按如下表格填写缴款单 **销售缴款单** 门店名称: 值班人: 年 月 日 表格:序号、商品名称、数量、单价、收款方式、实际收款金额、收银台序号 金额合计 大写: 收银主管签名: 防损员签名:	(1) 3分钟内完成填写 (2) 字迹清晰 (3) 数据准确
3	核对现金收银数据	(1) 收银员根据商品销售数量与折扣计算应收金额 (2) 收银员核对实际收款数据与应收金额	(1) 5分钟内完成计算 (2) 5分钟内完成核对 (3) 数据计算与核对准确无误
4	核对网络支付、数字货币收银数据	(1) 收银员打开门店收银系统后台,对当日收取的网络、数字货币数额进行整理 (2) 收银员将网络支付、数字货币收银数据与应收金额进行核对	(1) 数据记录准确 (2) 有问题及时上报 (3) 核对时间不超过5分钟

续表

序号	步骤	操作说明	服务标准
5	主管核对缴款单	收银主管负责核对当日营业收益与销售缴款单记录的是否一致,若一致则在销售缴款单上签名并将第二联交还收银员保存,第一联由收银主管保存;若实际缴款金额与单据数据不一致,则追查收银员的责任	(1) 3 分钟内完成核对 (2) 准确分辨缴款单第一联和第二联 (3) 如有差错,能按照门店规定追查责任
6	防损员核对防损记录、签名	(1) 门店防损员确定各台收银机数据均已上传 (2) 门店防损员将各台收银机上的解款表全部打印出来 (3) 防损员对当日商品销售情况进行统计,与缴货单情况进行核对	(1) 核对准确签名清晰 (2) 如有误能准确追查相关人员责任 (3) 5 分钟内完成核对
7	现金、单据交接	(1) 收银员将现金和单据一并交给收银主管 (2) 收银主管在防损员的监督下将现金放入保险柜,将单据放入文件夹	(1) 防损员监督到位 (2) 现场秩序良好 (3) 5 分钟内完成交接
8	账款异常处理	对于因收银员少收、漏收或多收引起的短款或长款,按照门店相关条例进行处理	处理问题准确,处理决定合理

问题情景 一

某新零售门店营业结束,各收银人员向收银主管进行结款,结款时发现现金与账目不符,少收了 2.8 元,请查明原因并完成结款。

提示:重复对账检查,如不相符,检查各收银岗对账情况。

问题情景 二

某新零售门店在结账时发现,因刚投入使用不久的网络支付系统不稳定,有一笔 9.6 元的款项没有收到,请查明原因并完成结款。

提示:重新启动软件,再次核对。

五、学习结果评价

评价内容		评价标准	评价结果(是/否)
活动完成情况	活动一	能核对现金收银数据并处理异常情况	
	活动二	能核对网络支付收银数据并处理异常情况	

课后任务

(1) 思考进行门店缴款结账时有哪些注意事项,以及如何进行门店管理可以避免相关问题的发生。同时,收集一些门店缴款结账的案例,找出案例中值得学习和吸取教训的地方,并与所讲内容进行对照,加深理解。

(2) 向同桌简述门店缴款结账流程和门店缴款结账制度。

职业能力 4-3-2　能盘点、登记门店库存

核心概念

盘点门店库存：为确切了解商品库存的实际情况，对门店内商品库存的实际数量进行定期或临时核对清查。

学习目标

1. 知识目标

• 能够辨别门店库存盘点类型。

• 能够简述门店库存盘点步骤。

2. 能力目标

• 能够按照流程对门店库存进行盘点。

• 能够绘制并准确填写门店库存登记表。

3. 素质目标

• 遵守盘点制度和规范，执行盘点纪律。

• 培养效益观念和成本意识。

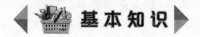
基本知识

一、门店库存盘点类型

门店库存盘点可从不同角度进行分类，具体类型如图 4-3-3 所示。

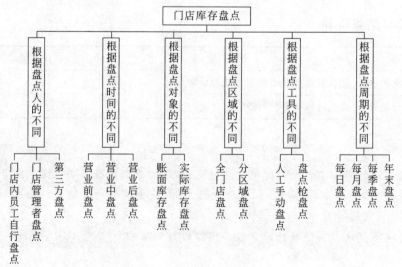

图 4-3-3　门店库存盘点类型

一般情况下,新零售门店以门店员工自行盘点为主,通常会选择盘点枪这一盘点工具。盘点枪的使用方法是将其连接网络,将配置信息填写完全后,点击商品盘点功能对商品的条形码进行扫描。如图 4-3-4 为一款常用盘点枪。

二、门店库存盘点步骤

1. 确定盘点日期、人员

盘点日期的确定应当根据门店运营的实际情况,选择不会对
正常营业产生较大影响的日期。对于规模较大的门店,商品库存

图 4-3-4　常用盘点枪

的流动性较强,在确定盘点周期时,可选择每月盘点或每日盘点;对于商品库存的流动性较弱的门店,可以选择年末盘点或每季盘点。对于门店库存因特殊情况造成商品库存记录错误,可针对相应商品区域进行临时、局部盘点。

盘点人员分为清点和记录两部分。负责清点的人员需要对商品数目、质量、条码等进行清点;负责记录的人员需对盘点出的商品情况进行准确记录,并整理数据。

2. 规划盘点区域

对门店各个商品库存区域进行划分,并分别标注编号,在区域编号的基础上对每个划分区域内的货架进行编号。例如食品类商品库存区某个货架的编号为"A1"(其中 A 为区域编号,1 为货架编号)。划分盘点区域,可有效避免重复盘点,提高工作效率。

3. 确定盘点方法

根据门店实际情况选择盘点工具,制订合适的盘点计划。

4. 整理商品

商品整理的内容包括库存中货架上商品的整理、货箱中商品的整理、商品价格标签和条码的整理。其中,货架上商品的整理要求对混放商品、遗漏商品和零散商品进行识别和归类。整理商品可以降低商品盘点的难度,如表 4-3-3 所示是商品整理的要求。

表 4-3-3　商品整理要求

商品整理项目	商品整理要求
货架上商品的整理	(1) 混放商品。不同种类的商品、不同规格的商品堆积在一起,均属于混放商品。若商品发生混放,则应当将混放的商品放回原位 (2) 遗漏商品。遗漏商品是指原本应在货架上而未出现在货架上的商品。通常遗漏商品会出现在货架底下或门店的角落,应将其放置在相应货架上 (3) 零散商品。零散商品是指剩余数量较少的商品。需将不同种类的零散商品放置在其原货架上
货箱中商品的整理	(1) 对于门店中的空箱,要仔细检查,以免漏失商品 (2) 对库存中所有商品货箱进行检查,确认是否有损坏、缺失情况
商品价格标签整理	(1) 检查标签价格信息应与系统记录一致 (2) 检查价格标签应与商品对应
商品条码整理	检查商品条形码有效,可通过盘点枪识别

5. 完成现场盘点

现场盘点步骤如表 4-3-4 所示：

表 4-3-4 现场盘点步骤

盘点步骤	说　明
检查系统数据	对门店管理系统中的商品收退货、损坏等记录进行检查，对于未录入系统或录入错误的数据，要给予相应处理
初次盘点	(1) 依照计划对门店内商品进行盘点 (2) 禁止随意移动商品 (3) 盘点完一个区域后，要立即记录
复盘	门店员工交换盘点区域，重新盘点，对于与初次盘点记录不一样的数据，要着重盘查
登记盘点情况	登记盘点结果，负责人和盘查人员签名

6. 登记门店库存

将门店库存盘点的情况填入库存盘点登记表，如表 4-3-5 所示。

表 4-3-5 库存盘点登记表

门店名称：　　　　　　　　盘点人员：　　　　　　　日期：　年　月　日

商品编号	商品名称	数量	规格	账目数量	实际数量	备注

问题商品数量		备注：	

盘点单号：

负责人签名：

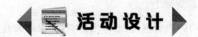

活动设计

一、活动名称

门店库存盘点。

二、活动条件

实训室、盘点枪、库存登记表、笔、商品。

三、活动组织

(1) 3～5 人为一个小组,其中 1 人担任店长,其余成员分别担任盘点员和记录员。

(2) 店长安排小组成员按照计划对门店库存进行盘点。

(3) 登记盘点结果。

四、活动实施

序号	步　骤	操 作 说 明	服 务 标 准
1	整理商品	(1) 整理货架上商品 (2) 整理货箱中商品 (3) 整理商品价格标签、条码	(1) 10 分钟内完成货架、货箱商品整理 (2) 10 分钟内完成商品价格标签、条码整理
2	检查系统数据	(1) 对门店管理系统中的商品收退货、损坏等记录进行检查 (2) 对于未录入系统或录入错误的数据,要给予相应处理	(1) 检查时间不超过 10 分钟 (2) 对于未录入的数据进行补录,对于录入错误的数据进行删除
3	初盘	(1) 对盘点区域编号 (2) 按照编号,依照计划盘点门店内商品	(1) 禁止随意移动商品 (2) 盘点完一个区域后立即记录 (3) 初盘时间不超过 15 分钟
4	复盘	(1) 门店员工交换盘点区域,重新盘点 (2) 按照编号,依照计划盘点门店内商品	(1) 盘点完一个区域后及时记录 (2) 对记录不一样的区域进行重盘 (3) 复盘时间不超过 15 分钟
5	多盘、漏盘等异常数据处理	(1) 负责盘点的人员重新盘点 (2) 若重新盘点所得数据与复盘数据相同,则使用复盘所用数据,若不同,则多次盘查直到查明结果	(1) 由不同员工轮流盘点,同一区域不能由一人多次盘点 (2) 对每次盘点所得数据及时记录
6	登记盘点数据	(1) 将盘点结果登记在库存登记表上 (2) 负责人和盘查人员签名	(1) 记录准确 (2) 整个过程不超过 5 分钟
7	确认盘点记录	(1) 店长盘点过程中得到的所有数据与库存登记表上的数据进行核对后确认盘点记录 (2) 店长将记录导入门店库存系统	(1) 店长需要检查操作无误 (2) 店长能及时更新库存数据 (3) 整个过程不超过 20 分钟

问题情景（一

如果你是某新零售门店的管理者,在季度工作汇总前需要对门店需要进行全面盘点,应当如何进行?

提示:确定盘点日期、人员,规划盘点区域,确定盘点方法,整理商品,完成现场盘点,登记门店库存。

问题情景 （二）

如果你是某新零售门店店长，现在需要对门店新增的"每日特价区"这一特定区域盘点，应当如何进行？

提示：对该区域商品分类、标号，检查系统数据，初次盘点，复盘，登记盘点情况。

五、学习结果评价

评价内容		评 价 标 准	评价结果（是/否）
活动完成情况	活动一	能够按全面盘点的要求进行门店库存盘点	
	活动二	能够按分区域盘点的要求进行特定商品盘点	

课后任务

（1）认真学习并自己绘制出门店库存登记表，熟悉后向同桌简述门店库存盘点的步骤。

（2）独立画出门店库存盘点类型图。

工作任务 4-4　数据收集与分析

职业能力 4-4-1　能收集与整理门店运营数据

核心·概念

数据收集：采用一定的方式，搜索、汇集所需数据。

数据整理：对所收集的数据进行整合归纳，并存放在数据库中，便于日后查看。

学习目标

1. 知识目标

• 能够简述门店运营数据的类型以及数据对门店决策的作用。

• 能够画出门店运营数据整理的流程图。

2. 能力目标

• 能够配合完成门店数据收集操作。

• 能够独立完成门店数据整理操作。

3. 素质目标

• 在收集数据过程中保护客户隐私。

• 树立正确的职业道德观，保护收集到的数据。

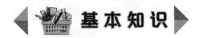

基本知识

一、门店运营数据

1. 运营成本

运营成本是指门店运营所包含的各项支出，可分为可控成本和不可控成本。门店的可控成本包括人力成本、通信费用、电费、水费、商品成本等，不可控成本包括店面租金、其他损耗等。收集、比较本门店不同时期的可控成本数据，或与竞争者的成本数据比较，寻找改进方式，可以降低运营成本。

2. 销售额

销售额是指商家销售货物所获得的收益，通过收集销售额数据，可以确定一段时间内顾客的消费热点，优化市场细分，更新营销策略。

3. 运营损耗

运营损耗是指门店因意外情况造成的财产损失，包括偷盗、人为损坏、安全事故损坏、设施损耗等。门店应及时记录并分析造成损耗的原因,研究减少损耗的方法。

4. 库存及其周转率

库存是指商家仓库内实际储存的货物,库存周转率则是指门店一定时期营业成本(销货成本)与平均存货余额的比率。通过收集并分析库存及其周转率可以直观地看出门店库存及其周转是否合理。

5. 用户数据

用户数据包括客流量和客单价,一般适用当月的日平均值。在门店开展促销活动期间,可以通过用户数据分析,并与平时的数据进行对比,分析活动的效果。

6. 坪效

坪效是指商场单位面积的销售额,可用于衡量商场经营效益,其计算公式为

$$坪效 = \frac{销售额}{门店营业面积}$$

7. 劳效

劳效是指员工的平均劳动效率,一般为当月人均销售额,其计算公式为

$$劳效 = \frac{当月销售额}{员工数}$$

8. 动销率

动销率是指在一定时间内门店处在销售活跃状态的商品品种数与门店销售商品总数的比率。动销商品需在门店系统软件中查询,动销率计算公式为

$$动销率 = \frac{动销商品种类数}{门店商品种类数 \times 100\%}$$

9. 客单价

客单价是指每一位进店消费顾客购买商品的平均单价,其计算公式为

$$客单价 = \frac{总消费额}{成交顾客数}$$

二、门店运营数据收集方法

1. 二维码调查单

顾客通过扫描二维码,填写门店的销售调查表,门店通过顾客填写的结果得到相关数据。该方法适用于收集用户数据,从而判断用户偏好,规划门店营销策略。

2. 商品盘点

店员通过对门店商品数量、种类、质量进行定期盘点,得到门店商品销售的动态数据。该方法可以用于收集销售额、库存及其周转率、动销率等数据。

3. 门店运营系统数据采集

门店运营系统一般会自动收集商品销售情况、顾客购买信息,需要时只需筛选出相关数据即可。下面以某新零售门店为例说明门店运营系统数据采集。

某新零售门店系统后台有商品管理、订单管理、财务报表等项目。单击交易概览,可以

采集到交易走势、用户偏好等信息，单击全部订单、订单导出，可以下载所有订单的详细情况，如图 4-4-1 所示。

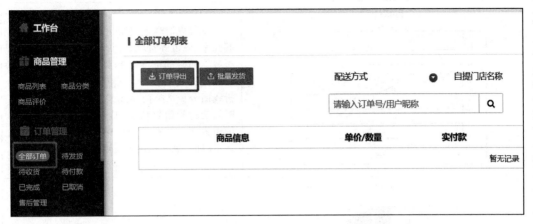

图 4-4-1　订单下载

三、门店运营数据整理

门店运营数据整理的流程如图 4-4-2 所示。

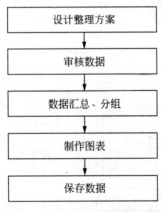

图 4-4-2　门店运营数据整理

1. 设计整理方案

设计整理方案包括设计数据的处理方法以及数据的分类依据。

2. 审核数据

审核数据包括去除错误数据和误差过大的数据。

3. 数据汇总、分组

根据既定方案对数据进行分组，要求保证数据的时效性、准确性、完整性。

4. 制作图表

根据需要将数据绘制成直观的图表，便于分析。常用图表形式及特点如表 4-4-1 所示。

表 4-4-1　常用图表形式及特点

图　表　形　式	特　　点
折线图 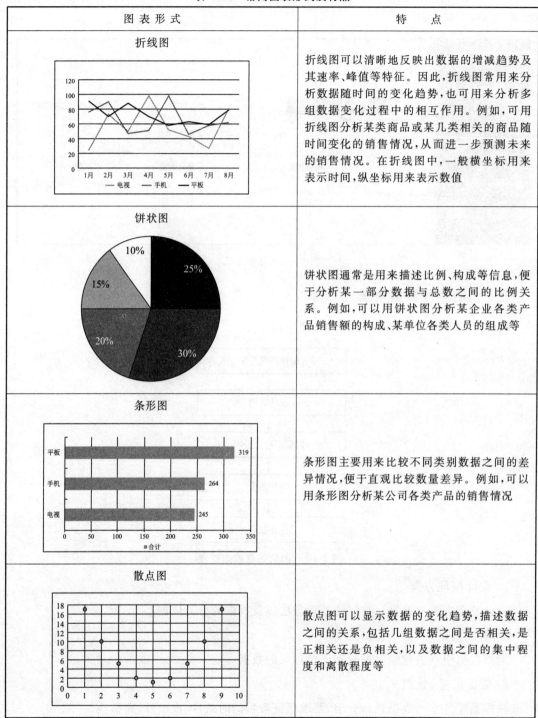	折线图可以清晰地反映出数据的增减趋势及其速率、峰值等特征。因此,折线图常用来分析数据随时间的变化趋势,也可用来分析多组数据变化过程中的相互作用。例如,可用折线图分析某类商品或某几类相关的商品随时间变化的销售情况,从而进一步预测未来的销售情况。在折线图中,一般横坐标用来表示时间,纵坐标用来表示数值
饼状图	饼状图通常是用来描述比例、构成等信息,便于分析某一部分数据与总数之间的比例关系。例如,可以用饼状图分析某企业各类产品销售额的构成、某单位各类人员的组成等
条形图	条形图主要用来比较不同类别数据之间的差异情况,便于直观比较数量差异。例如,可以用条形图分析某公司各类产品的销售情况
散点图	散点图可以显示数据的变化趋势,描述数据之间的关系,包括几组数据之间是否相关,是正相关还是负相关,以及数据之间的集中程度和离散程度等

5. 保存数据

将所得数据用门店数据库保存至硬盘或云端,方便长期跟踪监测门店数据。

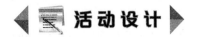 **活动设计**

一、活动名称

门店数据收集与整理。

二、活动条件

实训室、计算机、教学软件、多媒体设备、白板。

三、活动组织

(1) 3 人为一个小组,其中 1 人担任店长,1 人担任数据收集员,1 人担任数据整理员。
(2) 店长组织小组成员使用教学软件模拟门店运营数据的收集与整理。

四、活动实施

序号	步　骤	操 作 说 明	服 务 标 准
1	顾客调查	(1) 引导顾客扫描数据采集的二维码 (2) 填写门店数据调查表	(1) 二维码设置正确 (2) 调查问卷设计正确
2	门店数据系统采集	(1) 收集运营成本、销售额、运营损耗、库存等数据 (2) 收集动销商品情况、用户数据、门店商品目录执行情况、新品销售情况等信息	(1) 全面而细致地收集数据和信息 (2) 所用收集方法能否有效收集所需数据和信息
3	整理相关数据	(1) 设计整理方案 (2) 审核数据 (3) 数据汇总、分组 (4) 制作图表	(1) 保证数据的时效性、准确性、完整性 (2) 所作图表符合门店数据分析的需要
4	整合计算	(1) 坪效 $= \dfrac{销售额}{门店营业面积}$ (2) 劳效 $= \dfrac{当月销售额}{员工数}$ (3) 动销率 $= \dfrac{动销商品种类数}{门店商品种类数 \times 100\%}$	(1) 根据整理出的数据进行计算 (2) 计算准确
5	讨论与分享	(1) 各个小组将收集和整理的数据(包括图表)做成 PPT (2) 各小组派出 1 名成员负责讲解 PPT (3) 提出活动中出现的问题并开展讨论 (4) 对活动的开展进行分析总结、点评	(1) PPT 制作简洁大方,重点突出 (2) 讲解清晰有条理 (3) 分析总结准确 (4) 点评合理

问题情景（一）

2020 年 1 月至 3 月,新冠疫情影响了多家新零售便利店的运营,你所在的门店销售也大受影响。现在是 2021 年的第 1 季度,门店需要对本季度运营数据进行分析,并需要通过对比往年数据来判断门店的销售情况,选取上一年第一季度数据作对比是否合适?为什么?

提示:不合适,上一年数据不能作为对比标准,否则门店运营数据分析结果则会呈现倍数增长,不能客观反映门店运营情况,应与 2019 年第一季度数据作对比。

问题情景 二

如果你是某新零售门店店员,现需要对门店运营数据进行收集分析。店长希望你对门店的商品品类进行分析,看看哪些品类销售量最好,然后针对销售量较好的商品分析近 8 周的销售趋势,应该如何进行分析?可以选取哪种类型图进行展示?

提示:品类占比选取饼状图,销售走势图选取折线图或柱状图。

五、学习结果评价

评价内容		评 价 标 准	评价结果(是/否)
活动完成情况	活动一	能选取合适的门店运营数据进行对比分析	
	活动二	能整理分析门店运营数据 能选择合适的图表对数据进行展示	

课后任务

(1)利用互联网搜集"全家"或"罗森"等典型新零售便利门店 2016—2021 年在全国开店数量的增长情况和地域分布状况,并将数据整理成图表清晰展现。

(2)独立画出门店运营数据的整理流程图。

职业能力 4-4-2 能分析门店运营数据

核心·概念

门店运营数据分析:将门店运营数据变化以直观的形式呈现,并结合门店实际情况找出问题,从而对门店运营策略作出调整。

学习目标

1. 知识目标
• 能够简述门店常见运营数据的分析方式。
• 能够说出运营相关的数据的概念。

2. 能力目标
• 能够独立完成门店运营数据计算。
• 能够配合完成门店运营数据分析。

3. 素质目标
• 形成数据运营与管理意识。
• 树立真实反映门店运营质量、不弄虚作假的诚信意识。

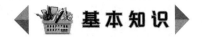

基本知识

一、门店运营数据分析方式

1.按表分析

按表分析是将相关数据从系统中提取出来后,按照一定的逻辑关系列成表格,根据表格中各相关数据反映出来的信息进行门店运营情况分析。

2.按图分析

按图分析是将相关数据从系统中提取出来后,按照公式计算出相应的结果,并将数据绘制成图,根据图中直观反映出来的数据关系分析门店运营管理情况。常用的有饼状图与折线图,下面以某超市为例讲解如何制图。

(1)将某超市 1 月商品销售数据(见表 4-4-2)按照商品种类绘制成饼状图(见图 4-4-3)。

表 4-4-2 某超市一月商品销售数据

序 号	商 品 种 类	比 例
1	果蔬类	58%
2	一般食品类	23%
3	日常用品类	10%
4	电器类	9%

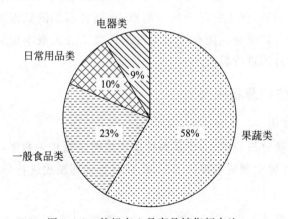

图 4-4-3 某超市 1 月商品销售额占比

由图 4-4-3 可知,果蔬类商品所占销售额比例最大,而电器类所占的销售额比例最小,结合历年 1 月的销售数据,可以发现这 4 类商品的销售额占比波动较小,则可以为门店制订进货、销售计划提供参考依据,即在相同的进货成本下按照比例对这 4 种商品的进货成本进行合理分配。

(2)将该超市 1—4 月商品销售数据(见表 4-4-3)绘制成折线图(见图 4-4-4)。

表 4-4-3　某超市 1—4 月商品销售额变化

类目	果蔬类	一般食品类	日常用品类	电器类
1 月	2.5	2.4	2	1.8
2 月	2.7	3.4	2	2
3 月	3.5	2.7	3	2.2
4 月	4.5	3.2	3.2	1.9

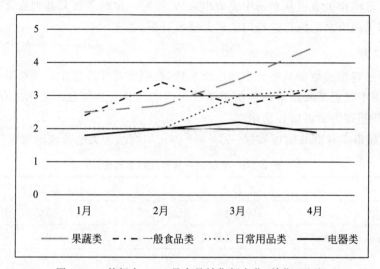

图 4-4-4　某超市 1—4 月商品销售额变化(单位:万元)

由图 4-4-4 可以看出四类商品销售额随时间的变化。其中果蔬类商品在 1—4 月的销售额表现出逐渐增高的趋势,在 4 月时达到最高点,再结合历年的数据图表,发现该商品销售额变化趋势大致相同。因此可预测在次年 4 月果蔬类商品大概率也呈现这种销售趋势,应适当增加该类商品 4 月的进货数量。

二、门店运营数据分析种类

1. 商品销售额分析

要进行商品销售额分析,首先需要从系统中调出销售额相关数据,然后将销售额数据绘制成表格,接着根据需要绘制成直观的图形,最后根据这些图表进行分析。

2. 库存分析

将商品库存情况单独调出,计算出库存减少的速度,并重新绘制表格。可将每一种商品的库存减少速度绘制成折线图,通过折线图的趋势预测未来的畅销商品和滞销商品,并做出相应处理。

(1) 对畅销商品进行分析。通过分析畅销商品的销售速度和周期,可以大致推测出需要补货的时间,并为库存设立安全线,以便在库存接近或到达安全线之前及时做出处理。

(2) 对滞销商品进行分析。对滞销商品的滞销原因进行分析,并按照不同的原因做出相应的改变。对滞销商品提出的改进策略如表 4-4-4 所示。

表 4-4-4 滞销商品改进策略

滞 销 原 因	改 进 策 略
未挖掘出滞销商品的卖点	加强对销售人员的导购培训,培养相关的职业素养,提高销售人员的销售技巧
滞销商品摆放位置不当	重新规划销售区,调整滞销商品的摆放位置
对销售员的激励不当	尝试其他销售激励策略
对顾客的服务不当	询问顾客意见,对可能存在的问题进行改正;调整退换货规定,更好地为顾客服务

以上改正措施的实行需要严格遵循控制变量原则,即每次只改变其中的一个因素,其他方面保持之前的状态。对每一个改变策略的观测时间要合理,过短看不到效果,过长则会影响门店运营。

门店可通过分析结果提前预测每一季度的畅销商品和滞销商品,使用畅销商品搭配滞销商品出售的营销方式,开展优惠活动,降低滞销率,提高门店收益。

3. 管理效益分析

(1) 月坪效分析。分析月坪效可反映单位面积的销售力。月坪效分析需要从数据中调出月销售额,计算出月坪效,再将数据绘制成折线图,直观表现变化情况,方便对变化原因进行分析。其变化原因常包括因门店商品陈列不当导致相关区域销售额所占面积比下降。

(2) 月劳效分析。分析月劳效可反映员工整体素质高低以及员工数目是否合理。月劳效分析需要从数据中调出月销售额和员工数量,计算出月劳效,再将数据绘制成折线图,直观分析变化情况。其变化原因常包括因门店人员调整造成部分员工对负责的商品不熟悉。

4. 顾客数据分析

(1) 客流量分析。客流量能够直观地反映门店一天以及一天之中不同时段的运营情况。如果需要分析门店一天中每个时段的客流变化情况,需要调出每时段进店数,再将顾客数据变化绘制成折线图,根据折线图初步分析顾客到店的高峰时段以及相应的顾客数目,从而确定开展门店促销活动最佳时段。

(2) 客单价分析。客单价能够反映顾客的平均消费能力,分析时需要将门店近年的顾客消费情况全部调出,计算出每一年的客单价。若客单价较低,说明购买中低价格商品或者一次购买商品数量较少的顾客较多,门店应当增加中低价商品类型,提高中低价商品进货数在所有商品中所占的比例,同时加强中高档商品的促销力度。

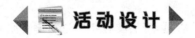 活 动 设 计

一、活动名称

分析门店运营数据。

二、活动条件

教学软件。

三、活动组织

(1) 6～8 人为一个小组,其中 1 人担任店长,其余为店员。

(2) 店长组织小组成员对门店运营数据进行分析。

四、活动实施

序号	步骤	操作说明	服务标准
1	分析销售额	(1) 将销售数据制作成表格 (2) 将表格中的销售数据绘制成饼状图和折线图 (3) 结合表格和图表进行分析	(1) 绘制饼状图和折线图美观、大方、简明 (2) 能够对数据进行简单的处理并分析
2	分析库存	(1) 分析畅销商品库存的销售速度和周期 (2) 为库存设立安全线 (3) 分析商品滞销原因	(1) 推测出补货时间周期 (2) 分析商品滞销原因,列成表格,并用控制变量法加以验证
3	分析管理效益	(1) 分析坪效:计算、绘图、分析 (2) 分析劳效:计算、绘图、分析	(1) 通过坪效反映单位面积的销售力 (2) 通过劳效反映销售员整体素质高低以及员工数目是否合理 (3) 掌握处理数据的方法,并结合图表进行分析,找出问题所在
4	分析顾客数据	分析客流量和客单价	(1) 能够对数据进行筛选 (2) 能够转化图表 (3) 能运用公式处理数据 (4) 能结合门店情况进行分析
5	开展活动总结,进行小组讨论	(1) 将收集和整理的数据、分析结果做成PPT (2) 派1人讲解PPT (3) 指出问题并讨论 (4) 分析总结	(1) PPT 制作简洁大方,能突出重点 (2) PPT 讲解能使其他小组理解 (3) 能够分析总结其他小组和自己小组收集、计算信息的差异 (4) 能通过讨论解决问题

问题情景 (一)

如果你是某新零售门店的店员,门店要在年中进行库存整理并依此来分析库存数据,在分析时,需要考虑什么?

提示:畅销商品的周期和销售速度、滞销商品可能出现的问题。

问题情景 二

如果你是某新零售门店的员工,店长让你分析门店客流量,并根据数据提出门店可以做出哪些改变,应从哪些方面着手。

提示: 主要分析顾客到店的高峰时段以及相应的顾客数目,从而确定门店开展促销活动的最佳时段,可为门店减少因盲目开展活动造成的人力、物力、财力损失。

五、学习结果评价

评价内容		评价标准	评价结果(是/否)
活动完成情况	活动一	能够在库存分析中综合考虑影响因素	
	活动二	能够通过数据筛选、转化分析门店客流量	

课后任务

以下为某新零售业门店运营数据,请对数据进行分析,判断年度销售金额和销售数量发展趋势。

年度销售金额

时间	2018 年	2019 年	2020 年
金额/元	2 131 122	4 081 284	4 529 741

年度商品销售数量

时间	2018 年	2019 年	2020 年
数量/件	189 145	328 686	334 753

职业能力 4-5-1　能制订与分解门店运营目标

核心·概念

门店运营目标:运营门店所要达成的目的。

学习目标

1. 知识目标

• 能够说明制订门店运营目标的意义。

• 能够说出销售目标的制定方法。

2. 能力目标

• 能够配合完成门店运营目标制订操作。

• 能够配合完成分解销售目标操作。

3. 素质目标

• 在制订与分解门店运营目标的过程中养成计划意识。

• 坚持合作共赢的原则,养成团队协作精神。

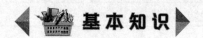

◀ 基 本 知 识 ▶

一、制订门店运营目标的意义

1. 销售额的最大化

制订门店运营目标首要追求是销售额最大化,商品销售是门店的主要业务,只有尽可能地扩大销售额,才能实现门店的利润目标。

2. 损耗费用的最小化

门店在追求销售量的同时,如果不严格控制各环节的损耗费用,同样会损失利润,甚至可能会亏损。损耗费用的最小化就是尽可能降低经营成本。

二、制订销售目标

商品销售是门店最主要的运营目标。销售目标主要有销售额(量)目标、客单价目标等。

1. 制订销售目标的步骤

(1) 预算年度保本销售额。

（2）拆分季度销售计划。

（3）根据季节、特殊日子和货品促销等因素制订每月销售任务。

（4）对比往年同期销售数据，调整销售计划。

2.制订目标的黄金法则——SMART原则

（1）Specific，明确性，制定目标要具体，不能笼统。

（2）Measurable，可衡量性，考核目标有数据化标准。

（3）Attainable，可达到性，设定的目标是可以执行和实现的。

（4）Relevant，相关性，设定的目标要与其他目标具有一定关联。

（5）Time-bourd，时限性，每一个目标关键节点必须设定完成时间。

3.制订目标的参考数据

（1）历史销售数据。查询同期历史销售数据及背后的原因，可以进行类比推算。

（2）同类型店铺销售数据。参考周边的商圈基本相同、面积基本相同、店铺位置基本相同的同类型店铺历史销售数据。

（3）销售的自然增长。如门店主营品牌正处在高速发展时期，店铺销售额随着品牌影响力增强、老顾客群体的增多、消费者的认可，销售会出现自然增长。

（4）门店整体规划的影响。综合考虑门店整体规划对不同时期的影响来制定指标。如某店铺规划明年将调整到一个更好的位置，预计可能带来15万元的销售额增长，在制订次年销售计划时，就要考虑这个因素。

4.制订目标的注意事项

（1）确定完成目标所需的时间。

（2）列出达成目标需要的合作对象和外部资源。

（3）列出实现目标所需要的技能和权限。

（4）列出可能遇到的问题和阻碍，找出相应的解决方法。

（5）检查目标是否与门店总目标一致。

三、销售目标的分解

1.销售目标分解的类型

（1）按时间段可将年目标分解到月目标，月目标分解到周目标，周目标分解到日目标，如表4-5-1所示。

表 4-5-1　销售目标分解（按时间段）

分 解 项 目	注 意 事 项
年目标分解到月目标	（1）考虑各月销售比例，不能完全平均分配 （2）注意一些特殊月份，如春节、"双11"的销售情况 （3）注意商品的季节性导致的不同月份之间的销售浮动 （4）注意地域、气候的影响
月目标分解到周目标	（1）考虑节假日对于销售的影响 （2）分解时应上半月任务多一点，下半月任务少一点，方便调整计划 （3）考虑期间是否有促销活动，促销活动会带来什么影响

续表

分 解 项 目	注 意 事 项
周目标分解到日目标	(1) 周末和节日一天的销售额一般为平时的 2 倍 (2) 周一到周五销售也有较大浮动,需要视店铺实际情况分配

(2) 按人员可将月目标、周目标、日目标分别分解到个人。

针对不同时期,可将门店总目标分解到各个商品组,再由各组结合人员情况分解到个人。目标分解应根据个人能力、工作时段、工作区域公平公正分解。

例如,某零食连锁企业在 3 月份分配给其中一家门店的销售目标为 10 万元。该门店开设在某大学附近,该大学 3 月初开学。门店内共有 4 名导购员,其中,小李和小张能力较强,二人的销售业绩一直都是较高的,而小王和小吴销售业绩一般。根据店员的销售能力及附近人群的消费状况,可以将销售目标具体分解如表 4-5-2 所示。

表 4-5-2　销售目标分解(按人员)　　　　　　　单位:元

3 月目标	周目标	按人员分解目标			
		小王	小李	小吴	小张
100 000	第 1 周:16 000	3 200	4 800	3 520	4 480
	第 2 周:37 000	7 400	11 100	8 140	10 360
	第 3 周:29 000	5 800	8 700	6 380	8 120
	第 4 周:18 000	3 600	5 400	3 960	5 040
总计		20 000	30 000	22 000	28 000

(3) 按货品可将整体销售分解到不同类别、款式等,主要用于促销活动。

例如,某服装门店 2021 年 4 月销售目标为 40 万,已知历史数据如表 4-5-3～表 4-5-6 所示。

表 4-5-3　2020 年 3 月销售情况

大类	女　款						男　款						合计
类别	黑标	红标	银标	印标	小件	小计	黑标	红标	银标	印标	小件	小计	
数量/件	32	26	4	121	21	204	19	13	3	56	11	102	306
金额/元	31 936	18 304	5 840	56 749	6 097	118 926	20 862	9 802	5 304	29 845	3 509	69 322	188 248

表 4-5-4　2020 年 4 月销售情况

大类	女　款						男　款						合计
类别	黑标	红标	银标	印标	小件	小计	黑标	红标	银标	印标	小件	小计	
数量/件	159	41	16	28	17	261	60	15	3	25	10	113	374
金额/元	172 833	30 545	26 550	14 448	5 474	249 850	61 356	11 325	5 424	14 425	3 492	96 022	345 872

表 4-5-5　2021 年 3 月销售情况

大类	女　款						男　款						合计
类别	黑标	红标	银标	印标	小件	小计	黑标	红标	银标	印标	小件	小计	
数量/件	36	28	7	156	15	242	22	16	5	46	10	99	341
金额/元	39 528	20 944	10 032	79 521	4 784	154 809	28 653	11 760	7 926	25 622	3 289	77 250	232 059

表 4-5-6　2021 年 3 月底库存情况

大类	女　款						男　款						合计
类别	黑标	红标	银标	印标	小件	小计	黑标	红标	银标	印标	小件	小计	
数量/件	570	604	108	298	219	1 799	498	289	66	118	187	1 158	2 957

① 找规律,计算不同货品销售金额占比。计算公式为

$$金额占比 = \frac{类别金额}{合计金额}$$

可计算得不同货品各月销售占比如表 4-5-7～表 4-5-9 所示。

表 4-5-7　2020 年 3 月销售情况及不同货品占比

大类	女　款						男　款						合计
类别	黑标	红标	银标	印标	小件	小计	黑标	红标	银标	印标	小件	小计	
数量/件	32	26	4	121	21	204	19	13	3	56	11	102	306
金额/元	31 936	18 304	5 840	56 749	6 097	118 926	20 862	9 802	5 304	29 845	3 509	69 322	188 248
占比	17%	10%	3%	30%	3%	63%	11%	5%	3%	16%	2%	37%	100%

表 4-5-8　2020 年 4 月销售情况及不同货品占比

大类	女　款						男　款						合计
类别	黑标	红标	银标	印标	小件	小计	黑标	红标	银标	印标	小件	小计	
数量/件	159	41	16	28	17	261	60	15	3	25	10	113	374
金额/元	172 833	30 545	26 550	14 448	5 474	249 850	61 356	11 325	5 424	14 425	3 492	96 022	345 872
占比	49%	9%	8%	4%	2%	72%	18%	3%	2%	4%	1%	28%	100%

表 4-5-9　2021 年 3 月销售情况及不同货品占比

大类	女　款						男　款						合计
类别	黑标	红标	银标	印标	小件	小计	黑标	红标	银标	印标	小件	小计	
数量/件	36	28	7	156	15	242	22	16	5	46	10	99	341
金额/元	39 528	20 944	10 032	79 521	4 784	154 809	28 653	11 760	7 926	25 622	3 289	77 250	232 059
占比	17%	9%	4%	35%	2%	67%	13%	5%	3%	11%	1%	33%	100%

② 根据店铺实际销售情况,调整不同货品销售目标比例,如表 4-5-10 和表 4-5-11 所示。

表 4-5-10　不同货品销售金额占比

时间	大类	女　款						男　款					
	类别	黑标	红标	银标	印标	小件	小计	黑标	红标	银标	印标	小件	小计
2020 年 3 月	金额占比	17％	10％	3％	30％	3％	63％	11％	5％	3％	16％	2％	37％
2020 年 4 月	金额占比	49％	9％	8％	4％	2％	72％	18％	3％	2％	4％	1％	28％
2021 年 3 月	金额占比	17％	9％	4％	35％	2％	67％	13％	5％	3％	11％	1％	33％
2021 年 4 月	金额占比	49％	9％	10％	5％	1％	74％	19％	2％	2％	2％	1％	26％

表 4-5-11　2021 年 4 月份销售目标

大类	女　款						男　款					合计
类别	黑标	红标	银标	印标	小件	小计	黑标	红标	银标	印标	小件	小计	
金额占比	49％	9％	10％	5％	1％	74％	19％	2％	2％	2％	1％	26％	100％
金额/元	196 000	36 000	40 000	20 000	4 000	296 000	76 000	8 000	8 000	8 000	4 000	104 000	400 000
平均单价/元	1 195	818	1 818	541	333	1 061	1 118	800	2 000	615	364	981	1 039
数量/件	164	44	22	37	12	279	68	10	4	13	11	106	385

2. 目标分解前的沟通准备

（1）目标分解是否合理。是否考虑到了员工之间的能力差距,是否有增加空间,各部分目标和整体目标是否吻合。

（2）与运营可能相关的情况是否了解清楚。如在销售过程中是否会有促销活动,促销活动对于销售的影响,店铺货品是否充足,销售过程中是否会遇上季节转换等。

3. 目标分解到个人的沟通流程

（1）店长(组长)熟悉分到各员工的目标内容。

（2）店长与店员进行目标沟通。将分解后的目标与店员沟通,注意不要强制分配指标,如果店员对于指标有疑问,应进行解释说明,用分解法帮助其细分指标,并承诺给予店员支持。

（3）获得店员承诺。在店员详细了解目标分解后获得店员达成目标的承诺。

（4）制订行动计划。店长同店员一起制订其行动计划,并及时跟进目标达成情况,解决目标达成中的问题。

4. 典型情况的应对

（1）店员没有自信。与店员一起细细分解,制订行动计划。

（2）店员觉得目标太高。讲解目标的分配过程,说明目标的合理性。

（3）店员有抱怨。让店员说出不满之处,针对问题进行解决。

（4）店员对于目标没有想法。加强目标达成的跟进力度,分时段跟进,力求制造店铺员工对于目标达成的信心与气氛。

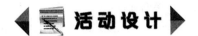 活动设计

一、活动名称

门店运营目标制订与分解。

二、活动条件

商品销售实训室、计算机、数据包、白板。

三、活动组织

（1）5 人为一组,其中 1 人担任店长。
（2）店长安排小组成员根据实际案例情景计算相关数据。
（3）按要求分解目标。

活动背景:金新电器品牌新零售门店 1 月份前三周的销售状况如下,请制订第四周销售目标并将周目标分解到日目标。

时间	销售金额/元							
	周一	周二	周三	周四	周五	周六	周日	合计
第一周	9 654	9 687	11 654	10 625	11 687	17 110	16 583	87 000
第二周	9 118	9 755	10 006	10 235	12 987	17 541	16 358	86 000
第三周	9 854	9 847	9 854	10 556	12 695	17 695	16 508	87 000

第四周天气预报	0～5℃晴	−5～−3℃雪	−2～5℃阴	2～8℃晴	3～9℃晴	4～10℃晴	3～8℃晴	指标
第四周								

四、活动实施

序号	步骤	操 作 说 明	服 务 标 准
1	制订目标	（1）根据前三周销售数据制订第四周目标 （2）根据具体情况调整目标	（1）制订目标方法正确 （2）目标科学可行 （3）调整目标依据合理

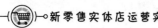

续表

序号	步骤	操作说明	服务标准
2	计算销售金额占比	（1）搜集前三周销售数据 （2）以前三周的销售数据为参考，计算销售金额占比 （3）公式： $金额占比=\dfrac{每日金额}{合计金额}$	见下表 能根据销售数据计算销售占比
3	考虑影响因素	列出影响因素，如促销、人员、货品、天气等	能根据影响因素使目标分解更切合实际
4	调整销售占比	（1）分解时周末的一天销售等于平时销售的2倍 （2）视店铺实际情况调整占比	见下表 能根据具体形势调整销售占比
5	分解目标	（1）查看调整的比例 （2）根据比例分解目标	见下表 能根据比例分解目标
6	制订行动计划	（1）将分解后的目标与店员沟通 （2）同店员一起制订行动计划	能根据分解目标制订行动计划

序号2 服务标准表：

项目	销售金额/元							
	周一	周二	周三	周四	周五	周六	周日	合计
第一周	9 654	9 687	11 654	10 625	11 687	17 110	16 583	87 000
第二周	9 118	9 755	10 006	10 235	12 987	17 541	16 358	86 000
第三周	9 854	9 874	9 854	10 556	12 695	17 659	16 508	87 000
合计								
占比								

序号4 服务标准表：

项目	周一	周二	周三	周四	周五	周六	周日	合计
第四周天气预报	0~5℃ 晴	−5~−3℃ 雪	−2~5℃ 阴	2~8℃ 晴	3~9℃ 晴	4~10℃ 晴	3~8℃ 晴	—
调整前占比	11%	11%	12%	12%	14%	20%	19%	100%
调整后占比	10%	12%	14%	13%	15%	19%	17%	100%

序号5 服务标准表：

第四周指标95 000元								
项目	周一	周二	周三	周四	周五	周六	周日	合计
第四周天气预报	0~5℃ 晴	−5~−3℃ 雪	−2~5℃ 阴	2~8℃ 晴	3~9℃ 晴	4~10℃ 晴	3~8℃ 晴	—
调整后占比	10%	12%	14%	13%	15%	19%	17%	100%
销售金额/元	9 500	11 400	13 300	12 350	14 250	18 050	16 150	95 000

问题情景（一）

如果你是金新电器品牌新零售门店的运营人员，在分解第四周目标时发现该周正好有重阳节，你在制订门店运营目标时要注意哪些方面？

提示：根据周末和节假日是平时销售量的两倍来调整每日销售目标。

问题情景（二）

如果你是金新电器品牌新零售门店的店长，要将店铺的年度运营目标分解到每个店员，但分解后的个人目标比大家预计的要高三分之一，如何跟店员沟通？

提示：按照目标分解前的沟通准备和目标分解到人的沟通流程来合理进行。

五、学习结果评价

评价内容		评价标准	评价结果（是/否）
活动完成情况	活动一	能掌握目标分解方法并按流程分解目标	
	活动二	能按照目标分解前的沟通准备做好工作 能按目标分解到人的沟通流程开展沟通	

课后任务

（1）结合所学知识，向同桌举例说明制订门店运营目标的意义。

（2）假如你是某国潮服装店的店长，近年来国潮兴起，门店各类品牌服装的销售状况良好，特别是汉服的销售每年都有15%的增长，请问如何做好门店运营目标的制订与分解工作？

职业能力 4-5-2　能编写岗位工作计划与总结

核心·概念

岗位工作计划：某岗位在一定时期内的工作任务及目标。
岗位工作总结：对上一阶段工作的回顾和评价。

学习目标

1. 知识目标
• 能够说出岗位工作计划的内容。
• 能够解释岗位工作总结的结构、步骤和要点。
2. 能力目标
• 能够配合完成编写岗位工作计划编写。
• 能够配合完成编写岗位工作总结编写。
3. 素质目标
• 具有计划意识和总结反思意识。
• 养成良好的书面写作的职业能力。

基本知识

一、岗位工作计划

岗位工作计划是某岗位在一定时期内的工作任务及目标。

1. 工作计划的内容

（1）情况分析（制订计划的根据）

制订计划前，要分析工作现状，充分了解下一步工作是在什么基础上进行的，是依据什么来制订这个计划的。

（2）工作任务和要求（做什么）

根据需要，形成一定时期内应完成的任务和应达到的工作目标。

（3）工作的方法、步骤和措施（怎样做）

明确工作任务后，还需要根据主客观条件，确定工作的方法和步骤，采取必要的措施，以保证工作任务的完成。

2. 编写工作计划的步骤

（1）学习和了解近期企业发展情况。

（2）认真分析本店和本岗位的具体情况。

（3）确定工作方针、任务和要求，据此确定工作的具体办法、措施和步骤。

（4）根据工作中可能出现的困难，确定克服困难的办法和措施。

（5）根据工作任务的需要，组织并分配已有资源，明确分工。

3. 工作计划的写作

1）工作计划的类型

（1）条文形式。把计划中的各项内容列成条文，这种形式条理清晰，查看方便，容易记住，适用于具体、近期的计划，如图 4-5-1 所示为某超市主管工作计划。

> 1. 负责生鲜品类预算的制订和关键业务指标的达成，包括生鲜销售额、生鲜毛利、营运可控费用、人工、物料、修理费、商品损耗。
>
> 2. 熟悉生鲜各部门商品在不同季节的销售和周转情况，能够很好地平衡销售和商品库存的关系。
>
> 3. 负责实现公司制订的生鲜品类的生产效率，包括坪效、人效（人均销售、主要岗位的人均工作量）。

图 4-5-1　某超市主管工作计划

（2）表格形式。表格形式一般用于固定周期、任务内容较为具体的计划，格式较为固定，需配文字说明，如图 4-5-2 所示。

（3）文件形式。大公司制订时限长的计划多采用文件形式，可包含较丰富的计划内容，详细明确。

2）工作计划的格式

工作计划的格式一般包括标题、正文和落款。

（1）标题。计划标题包括计划单位的名称、计划时限、计划内容摘要、计划名称。一般有以下三种写法。

① 四种成分完整的标题。如"×××店 2020 年第三季度销售工作计划"，其中，"×××店"是计划单位，"2020 年第三季度"是计划时限；"销售"是计划内容摘要，"工作计划"是计划名称。

② 省略计划时限的标题。如"广东省商业储运公司实行经营责任制的工作计划"。

＿＿＿＿年＿＿＿＿月工作计划表					
推广项目					
业绩目标					
	月销售目标	周销售目标			平均日销售目标
		第一周	第二周	第三周	第四周
分组　第一小组					
分组　第二小组					
分组　第三小组					
奖惩措施					
奖励			惩罚		
实施方法					

图 4-5-2　表格形式工作计划

③ 公文式标题。如"关于×××店 2021 年第四季度的销售计划"。

（2）正文。除写清指导思想外，应包含以下四个方面的事项。

① 目标。计划应根据需要与可能性，规定出在一定时间内所完成的任务和应达到的要求。任务和要求应该具体明确，写出具体数量、质量和时间要求。

② 措施。措施指达到既定目标需要采取什么手段、动员哪些力量、创造什么条件、排除哪些困难等。要根据客观条件，统筹安排，将措施写得明确具体、切实可行。

③ 步骤。步骤指执行计划的工作程序和时间安排。先做什么工作，后做什么工作，应合理安排，又有轻重缓急之分。在时间安排上，既要有总的时限，又要有每个阶段的时间要求以及人力、物力安排。

④ 执行希望。在正文的最后写出，是计划的结尾部分，可根据实际决定是否需要。

（3）落款。在正文的右下方，注明制订计划的日期、作者名称。此外，如果计划有表格或其他附件，或需要抄送某些单位，应分别写明。

二、岗位工作总结

工作总结是对过去工作的回顾和评价，因而要尊重客观事实，以事实为依据。

1. 工作总结基本结构

（1）回顾。简明扼要描述在工作期间都做过哪些事情。

（2）认识。通过所做的工作说明对于岗位和工作的认知。

（3）提高。今后所需提高的能力和补充的知识。

2. 编写工作总结的步骤

（1）表明在考核期内主要承担工作。

（2）用事先与上司约定的绩效、绩效改进计划中的标准、公司规定的考核标准等评价所做的主要工作。

（3）寻找自己在工作中的差距。

（4）提出在今后工作中应发扬和应改进的地方。

3. 编写工作总结的要点

（1）适当展示取得的成绩。应当适度地表现自己的工作成果，以便赢得更多的理解和支持。

（2）体现系统性。总结是一个人思维模式的体现，也是对一段时间工作的回顾，工作总结既要有客观数据，又应该是一个系统性的报告，有基本情况、主要做法、问题原因，也有下步打算，汇报清晰明朗，同时有表格、图片作为辅助。

（3）主动提及工作失误并分析原因找出对策。应在总结中主动提及失误，并对失误进行分析，提出改进对策，同时让领导意识到失误不是一个原因造成的。

（4）突出重点。总结不是记流水账，更不是月总结或者周总结的简单堆砌，而是要突出工作重点，抓住这一段时间的突出成绩、亮点进行阐述。

（5）阶段性总结。一份好的总结不是随意撰写就能完成的，需要日常的积累和阶段性总结。

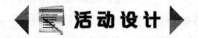

一、活动名称

编写岗位工作计划。

二、活动条件

计算机、纸张、笔。

三、活动组织

（1）2～3人一组，其中1人担任组长。

（2）组长组织小组成员参照示例，根据给定情况编写工作计划。

（3）每组展示之后，其他组同学进行点评和补充。

四、活动实施

序号	步骤	操作说明	服务标准
1	确定工作计划的类型	(1) 分析条文式工作计划适用范围 (2) 分析表格式工作计划适用范围 (3) 分析文件式工作计划适用范围 (4) 确定工作计划类型	(1) 了解每种形式的工作计划 (2) 正确选择合适的工作计划类型
2	情况分析	(1) 研究工作现状 (2) 了解下一步工作是在什么基础上进行的	准确找到制订计划的依据
3	明确工作任务和要求	(1) 认真学习研究上级的有关指示 (2) 认真分析每家店的具体情况 (3) 根据实际情况确定工作方针、工作任务、工作要求	根据需要规定出一定时期内应完成的任务和应达到的工作指标
4	明确工作的方法、步骤和措施	(1) 确定工作的具体步骤 (2) 根据可能出现的困难确定办法和措施 (3) 根据任务需要组织并分配已有资源,明确分工	(1) 方法明确 (2) 步骤详细具体 (3) 措施切实可行
5	交流讨论	(1) 每个小组将各自的工作计划做成PPT进行展示 (2) 选择一名成员进行讲解 (3) 其他组成员对工作计划进行点评 (4) 进行经验总结	(1) PPT制作清晰明了,图文并茂 (2) 听取其他组的介绍,并能给出自己的想法和意见

问题情景（一）

　　如果你是一家餐饮新零售门店的店长,门店计划按照总公司的要求进行新一轮的店铺形象升级改造,届时会增加新的自助上菜机器人等新零售设备。在制订工作计划时,你需要注意什么?

　　提示:计划要分清轻重缓急,突出重点,店铺升级改造将会是未来一段时期内的工作重点,同时要兼顾新零售设备的培训内容。

问题情景（二）

　　如果你是一家餐饮新零售门店的店长,新冠疫情期间门店销售受到了一定影响,在制订新的季度工作计划时,能否参考去年的同期工作计划目标? 要注意哪些原则?

　　提示:注意切实可行的原则。要从实际情况出发定目标、定任务、定标准,应当保证可行,能基本做到。

五、学习结果评价

评价内容		评 价 标 准	评价结果（是/否）
活动完成情况	活动一	能在编写岗位工作计划时注意突出工作的重点	
	活动二	能在编写岗位工作计划时注意计划的切实可行	

课后任务

（1）收集三种工作计划形式的文档，对比每一种形式的优劣。

（2）收集一些餐饮新零售门店店长的实际工作内容等资料，编写一份餐饮新零售门店店长的工作总结。

参 考 文 献

[1] 吴晓波频道.新零售,谁将被革命?[M].北京:中国友谊出版公司,2018.

[2] 滕宝红.新零售之便利店店长 365 天管理实战手册[M].北京:人民邮电出版社,2018.

[3] 张志安.新零售时代的实体店营销[M].北京:电子工业出版社,2018.

[4] 翁怡诺.新零售的未来[M].北京:北京联合出版公司,2018.

[5] 刘润.新零售:低价高效的数据赋能之路[M].北京:中信出版集团,2018.

[6] 王利阳.社区新零售[M].北京:人民邮电出版社,2017.

[7] 庄崇沣.新社群新思维新零售[M].北京:清华大学出版社,2017.